하루 10분
놀이영어

이 책을 소중한

_____님에게 선물합니다.

_____ 드림

놀면서
공부하는
생활 속
영어 놀이

하루 10분
놀이영어

- 이지해 지음 -

위닝북스

왜 놀이영어가 답일까?

영어는 모국어가 아니기 때문에 무조건 즐겁고 재미있어야 한다. 편안한 환경 속에서 아이들의 호기심을 자극하여 직접 온몸으로 습득한 영어는 언어로서 확실하게 인지하여 시간이 지나도 기억하게 된다.

"아이가 영어유치원에 갈 때마다 저에게 수만 가지 이유를 대면서 등원하기 싫다고 해요. 영어가 싫어서가 아니라, 다니고 있는 영어유치원이 싫다고 하는데 그만 다녀야 하나요? 영어가 중요하니까 전 꼭 보내고 싶은데 어떻게 방법이 없을까요?"

최근 나와 상담을 진행했던 5세 아이 엄마의 고민이다. 나는 "영어유치원이 많은데 왜 굳이 아이가 싫어한다는 유치원을 보내시는 건가요?" 조심스레 물었다. 엄마는 아이가 다니고 있는 유치원이 잘 가르치기로 유명한 곳이라 보내고 있다고 했다. 아무리

커리큘럼이 좋고 유명한 영어유치원이라도 아이와 성향이 맞지 않으면 방법을 바꿔야 한다. 나는 "다른 유치원을 보내 보거나, 그래도 아이가 힘들어한다면 영어유치원이라는 기관에 다닐 준비가 될 때까지 기다려 주는 것이 좋다."고 조언해 주었다.

아이가 영어를 좋아하고 즐기는 아이로 성장하길 바란다면 내 아이에게 맞는 맞춤 영어교육법을 찾아봐야 한다. 영어유치원도 결국은 학원이다. 학원은 내 아이의 맞춤 영어 해결사가 아니다. 엄마의 노력은 절대 헛되지 않다. 내 아이가 무엇을 좋아하고 무엇을 싫어하는지 정확히 알 수 있는 사람은 엄마밖에 없다는 점을 명심해야 한다.

처음 놀이영어를 접하는 많은 엄마들은 유치원 아이들이나 배우는 그런 놀이영어 말고, 좀 더 학습적이고 빠른 효과를 볼 수 있는 교육방법을 소개해 달라고 한다. 엄마의 마음은 충분히 이해한다. 주입식이나 소위 스파르타식 학습법으로 무조건적인 단어 암기와 엄청난 양의 과제를 내주면 아이들의 영어 성적은 향상된다. 하지만 영어는 사람과의 감정소통을 위해 필요한 도구인 언어라는 점을 간과해서는 안 된다.

가끔 아이의 영어 학습에 조급한 부모들을 만나게 된다. 영어는 마라톤과 같다. 100미터 달리기처럼 단시간으로 끝나지 않는다. 적당한 호흡과 일정한 속도로 인내심을 가지고 달려야 한다.

식지 않는 열정만이 마라톤 경기를 완주할 수 있다. 모든 언어는 장기간에 걸쳐서 자연스럽게 스며드는 것임을 잊어선 안 된다.

家若貧 不可因貧而廢學 家若富 不可恃富而怠學
가약빈 불가인빈이폐학, 가약부 불가시부이태학

가난한 집안에서 태어났다고 하여 그 가난으로 배움을 포기해서는 안 되고, 부유한 집에서 태어났다고 하여 부를 믿고 배움을 게을리해서는 안 된다.

《명심보감》에 나오는 내용이다. 즉, 내가 어떤 환경에 처해 있더라도 늘 배워야 한다는 뜻이다. 영어를 비롯한 외국어도 마찬가지다. 영어는 누구에게나 공평하다. 집이 부유하다고 해서 영어를 저절로 잘하게 되는 것이 아니며, 집이 가난하다고 해서 영어를 못 배우는 것은 아니다. 물론 환경에 따라 차이는 있지만 마음먹기에 따라 누구나 영어 환경을 만들 수 있다.

나는 내 아이를 비롯한 많은 아이들이 주입식 영어교육으로 인해서 영어를 싫어하고 거부하는 모습을 많이 보았다. 하지만 놀이영어를 통해 영어를 거부하던 많은 아이들의 마음이 열리는 것을 느끼면서 놀이영어에 대한 확신이 생겼다. 놀이를 통해서 영어라는 선물을 준다면 아이들의 마음속에는 '영어는 재미있다!'라는 생각과 함께 자연스럽게 영어가 생활 속에 자리 잡게 될 것이라 확신한다.

놀이영어를 대중들에게 알릴 수 있도록 도움을 주신 〈한국 책쓰기 성공학 코칭 협회〉의 김태광 코치님과 위닝북스 출판사의 권동희 회장님에게 정말 감사드린다. 곁에서 항상 응원해 주는 존경하는 남편 김도용과 사랑하는 성찬이에게 고마움을 전한다. 내가 하는 모든 일을 위해 주야로 늘 기도해 주시는 친정 부모님과 시부모님에게 사랑과 감사의 말을 전한다. 마지막으로 하나님께 이 책을 바친다.

2017년 1월
이지해

프롤로그

PART 2

아이는 놀이를 통해
영어를 배운다

PART 5

우리 아이 첫 영어, 놀이영어가 답이다

PART
1

영어교육의 시작
놀이영어

왜 놀이영어가
답일까?

어느 외국어든 그렇겠지만, 아이의 영어 실력은 영어 노출 시간과 비례한다. 많은 엄마들은 아이에게 지속적으로 영어 자극을 주기 위해 다양한 시도를 해 봤지만 결국 흐지부지됐던 경험이 한두 번쯤 있다고 말하면서 이처럼 질문한다.

"어떻게 해야 우리 아이가 영어를 잘할까요?"

"엄마표 영어를 시도해 봤지만 아이가 영어를 싫어하는데 계속 진행해야 할까요?"

아이에게 즐겁고 재미있게 영어를 접하게 하고 싶어서 주위 엄마들에게 물어보면, "어머! 아이가 몇 살인데 벌써부터 영어교육 고민이래? 너무 빨라!"라는 반응이 돌아온다. 그럼 꼭 유별난 엄마처럼 보이는 것 같아 '그래, 무슨 영어야. 알아서 하겠지' 하고 포기하는 경우가 있다. 또는 혼자 엄마표 영어교육을 진행하다가 아이와의 관계가 더 나빠져서 상담하는 엄마들도 많다. 아이가 왜 놀이영어로 시작해야 하는지 알게 해 주는 부분이다.

《영어만은 꼭 유산으로 물려주자!》의 공병호 작가는 이렇게 말했다.

"아이들 세대의 활동 무대는 지금보다 훨씬 넓어질 것이다. 날로 좁아지는 국제 사회에서 다양한 문화권의 다양한 사람들을 만나면서 살아가게 될 것이다. 아이들이 당당하게 세계를 무대로 자신의 능력을 발휘하며 살아가려면 부모는 그 가능성을 넓혀 주는 일을 해야 한다. 그리고 이 일의 상당 부분은 영어를 구사할 수 있는 힘에서 나온다는 것을 강조하고 싶다."

또한, 세계적인 언어학자 데이비드 크리스털 교수는 "어떤 언어도 모국어 사용자보다 외국어 사용자가 더 많았던 적은 없었다."라며 영어 사용 인구 증가에 놀라움을 표했다. 베스트셀러 작가이자 뉴욕 대학의 이론 물리학자 미치오 가쿠는 "현재 지구상에서 사용되고 있는 약 6,000개의 언어 중에서 영어는 이미 상업과 과학 분야의 공용어가 되었다."라고 말했다.

이처럼 영어 사용 인구가 늘면서 앞으로 아이들은 영어를 못하면 국제사회에서 생존이 어려울지도 모른다. 영어를 유창하게 구사하는 능력은 이제 글로벌 경제에서 기본적으로 요구되는 소양이 되었다. 지금부터라도 우리 아이들이 글로벌 세계에서 영어를 자신의 것으로 만들어 당당하고 자유로운 인생을 살아가도록 부모가 옆에서 많은 칭찬과 격려로 할 수 있다는 자신감을 심어 줘야 한다.

나 또한 어떻게 하면 내 아이에게 영어에 흥미와 재미를 갖게 할지에 대해 많은 고민을 했다. 그러다가 수업료 부담도 없고 쉽게 접할 수 있는 영어 사교육 중의 하나인 영어 학습지 수업을 시작하게 됐다. 결과는 대실패였다. 아이는 영어 수업을 하는 그 짧은 10분이 싫다고 울면서 돌아다니고, 학습지 선생님은 아이들이 다 그렇다고 하면서도 많이 당황해하는 모습이었다. '아, 우리 아이는 아직 영어교육을 하면 안 되겠구나!'라고 생각하고 영어 학습지 수업을 중단했다.

결혼 전 나는 영어로 대화를 많이 해야 했던 직업을 갖고 있었다. 그래서인지 '영어는 하루라도 빨리 시작하는 것이 좋으며 어릴수록 더욱 효과가 크다'라는 생각은 변함이 없었다. 결혼 후 아이를 낳으면 꼭 유아 때부터 해 줘야겠다고 생각했었는데, 우리나라 유아 영어교육은 재미없는 한국의 전형적인 주입식 학습 방법이 대부분이었다. 나는 아이를 위해 아이가 제일 잘하고 좋아하는 놀이를 통해 영어를 시작해야겠다고 결심했다.

다음 날 바로 서점에 갔다. 유아 영어교육에 관련된 책을 모두 구입했다. 집에 오자마자 쌓아 놓고 읽어 갔다. 우리 아이에게 영어를 어떻게 재밌게 가르칠 것인지 생각하며 메모하면서 읽었고, 어느 정도 방법을 익혀갈 때쯤 아이에게 놀이 방법을 실천하게 되었다.

책을 읽어도 부족하거나 좀 더 알고 싶은 부분이 있을 때가 있다. 그때는 혼자 외롭게 가야 하는 엄마표 놀이영어의 동기부여를 위해, 저자 강연을 찾아다니면서 보충하며 열심히 배웠다. 그렇게 배운 내용을 우리 아이와 함께 즐겁게 실천했다.

아이가 싫어하고 울면서 뛰쳐나가던 10분의 영어 시간이 지금은 아이가 하루 중에서 제일 기다리는 즐거운 놀이영어 시간으로 바뀌게 되었다.

이솝우화 하면 떠오르는 이야기로 〈토끼와 거북이〉가 있다. 이야기 속에서 토끼는 거북이의 느린 모습을 보고 놀리며 거북이에게 달리기 경주를 제안하는 것으로 시작한다. 누가 봐도 거북이가 질 게 뻔한 승부인데 거북이는 이 불가능해 보이는 경주에 도전했다. 경주 시작과 동시에 토끼는 거북이의 시야에서 사라졌지만, 이 이야기는 우리가 잘 알고 있듯이 거북이의 승리로 끝난다.

거북이는 토끼를 만날 때마다 놀림받고 무시당하는 것을 참고만 있었다면 살면서 계속 열등감에 시달렸을 것이다. 하지만 거북이는 도전했고 승리했다. 토끼와 거북이의 이야기는 영어를 시작하는 아이들에게 들려주는 이야기다. 영어도 마찬가지다. 하루 10

분 놀이영어는 느리지만 매일 한 걸음씩 성장한다. 자신과의 약속을 묵묵히 지켜 나가는 사람이 결국 영어의 결승선 테이프를 끊는 기쁨을 느낄 수 있다.

아이에게 영어를 가르치기 위해서 무조건 영어유치원이나 조기유학을 선택하는 방법보다는 우리나라에서 먼저 찾는 것이 좋다. 우리나라에서도 아이에게 충분히 영어환경을 만들어 줄 수 있기 때문이다. 아이에게 최고의 영어교육은 '놀이영어'다. 어릴수록 더 효과적이다. 지금부터 아이가 재미있고 편하면서 자연스럽게 영어의 세계에 즐거움을 느낄 수 있도록 놀이영어를 시작하자.

하루 10분씩 엄마와 함께 놀이영어를 한다면 다른 무엇보다 더 효과적일 것이다. 부모와 영어로 대화하는 것도 가능하다. 많은 엄마들과 아이들은 이미 하루 10분 놀이영어를 진행하며 즐겁게 영어를 습득하고 있다.

매일 아이와 즐기는 놀이영어로 아이의 영어 실력이 놀라운 속도로 발전하는 것을 직접 느낄 수 있게 된다. 하루 10분 놀이영어와 함께하면 내 아이가 걸어갈 영어의 길이 보인다.

영어는
무조건 즐거워야 한다

영어는 모국어가 아닌 외국어다. 외국어는 모국어보다 습득하기 어렵다. 이것이 영어를 무조건 즐겁게 배워야 하는 이유다. 공자의 《논어》 첫 구절에 나오는 "학이시습지 불역열호學而時習之不亦說乎"라는 말이 있다. '배우고 때때로 익히면 또한 기쁘지 아니한가?'라는 의미다. 무언가를 배우며 기쁨을 느끼는 것처럼, 영어도 배우고 익히는 과정에서 영어의 참다운 즐거움을 느껴야 한다.

'마이크로소프트사'를 세계적인 기업으로 일군 빌 게이츠는 "성공하려면 매일 하는 일을 즐기는 게 가장 중요하다."라고 말했다. 많은 거장들도 좋아하는 일을 선택하고 그것을 즐길 줄 아는 사람이 성공한다고 입을 모아 말한다.

영어를 배우고 익히는 것은 아이가 자유롭게 구사하기를 바라는 것이므로 배우는 과정 또한 기쁨과 즐거움이 함께해야 한다. 그러나 정작 나는 영어를 배울 때 전혀 즐겁지 않았고 힘들기만 했다. 처음 영어를 접했던 것은 중학교 1학년 때였다. 알파벳이라는 것을 알게 되었는데 다른 친구들은 이미 초등학교 때 배우고 와서 'Hello'라는 영어를 읽을 수 있었다. 다른 아이들이 잘하는 모습에 더욱 주눅이 들어 학창 시절 내내 '영어 포기자' 즉, 영포자로 지냈다.

시험을 봐야 하니 어쩔 수 없이 영어공부를 해야 했고, 무작정 암기하는 주입식 방법으로 재미없는 영어공부의 악순환을 반복했다.

결혼 후, 내 아이에게는 적어도 재미없는 주입식 영어교육을 물려주고 싶지 않았다. 그래서 남편과 함께 아이의 영어교육에 대한 계획을 세우기 시작했다. 어떻게 하는 것이 가장 좋은 외국어교육일까 고심한 끝에 우선 내 아이에 대해 더 생각하고 관찰하며 알아가는 시간이 필요하다고 느꼈다. 그리고 시중에 나온 많은 육아서와 유아영어 전문가의 책들을 읽어 나갔다.

엄마표 영어교육에 관한 정보 수집을 바탕으로 아이와 많은 대화를 하면서 그 해답을 찾아 나갔다. 답은 의외로 간단했다. 아이가 좋아하고 흥미를 느끼는 놀이를 통해 영어를 놀이처럼 할 수 있게 만드는 것이 최고의 교육이었다. 놀이와 영어 공부는 다르지 않았다.

유대학교에서는 아이들이 공부를 시작할 때, '배움은 꿀처럼 달다'는 것을 머릿속에 심어 주려고 한다. 그 방법은 꽤 다양한 편인데 몇 가지 예를 들어 보면 다음과 같다. 이스라엘의 초등학교에서는 신입생이 교사와 처음 만나는 날, 공부가 얼마나 달콤한지를 배운다. 교사는 먼저, 손가락에 꿀을 묻힌 다음 히브리어의 알파벳 스물두 자를 쓴다. 그리고 이렇게 말한다.

"이제부터 너희가 배우는 것은 모두 이 스물두 자가 출발점이 된단다. 배운다는 것은 이 꿀처럼 달고 맛있는 거야."

유대인 자녀교육법을 정리하여 책으로 엮은 루스 실로의 《유태인의 자녀교육》에서 다룬 내용이다. 이처럼 배움의 즐거움을 아이가 직접 몸으로 느끼게 해 주며 지적 호기심을 불러일으켜 줄수 있다는 것을 알 수 있다. 나는 바로 놀이영어에 적용해 보았다. 아이가 책을 읽을 때 몇몇 알파벳을 헷갈려 했는데, 초콜릿에 알파벳이 찍혀 있는 ABC초콜릿과 알파벳 모양의 뽀로로 과자를 구입해서 아이에게 알파벳에 대해 이야기해 주고 즐겁게 먹도록 했다. 아이는 먹으면서 자연스럽게 알파벳을 습득해 나갔다.

위 책에서처럼 '배움은 꿀처럼 달다'는 것을 알게 된 것인지 모르겠지만, 효과는 확실했다. 혼란스러워 하던 알파벳을 확실히 알게 되었고 자연스럽게 파닉스(소리와 철자를 통해 언어를 이해하는 학습 방법)까지 익히며 다른 아이들 보다 더 빠르게 배웠다. 아이가 알파벳을 즐겁게 알게 되니 영어로 말하고 보는 것을 좋아하게 되었다.

아이에게 영어는 피할 수 없는 '비'와 같다고 한다면, 비를 맞으며 물웅덩이에서 첨벙첨벙 뛰어놀고 즐기게 하는 것이 아이들에게 맞는 영어교육 방법이다.

《3살 때 망친 영어 평생을 괴롭힌다》에서 저자 김은희는 아이가 영어를 즐기도록 만들라고 강조하며 다음과 같이 말한다.

"어린아이들에게 영어는 '공부'가 되어서는 안 됩니다. 아직 학습 능력도 제대로 갖춰지지 않은 아이들을 상대로 주입식 공부를 시키지 마세요. 즐겁게 영어를 배워야 합니다. 엄마의 영어 콤플렉스를 아이에게서 풀려고 하거나 자신이 배우던 방법으로 아이들에게 영어를 가르치려고 하지 마세요."

놀이를 통해 영어를 꾸준히 접하도록 유도하여 아이에게 영어가 즐거운 일상이 되도록 해야 한다. 아이의 연령이 낮으면 낮을수록 영어는 무조건 재미있게 시작해야 한다. 그래야만 아이가 즐겁게 영어를 습득할 수 있다.

아이들이 가장 잘하고 좋아하는 놀이를 통해 영어를 습득할 수 있도록 부모가 도와준다면, 영어는 더 이상 어려운 외국어가 아닌 즐거운 추억으로 남을 것이다. 영어의 시작은 무조건 즐거워야 한다는 것을 기억하자.

하루 10분,
놀이영어의 효과

하루에 10분 동안 아이와 놀이영어를 함께 하는 것이 정말 효과가 있을까? 답은 YES다. 단 10분의 놀이영어만으로도 아이의 집중력과 학습 효과를 높여 주어 영어를 배우는 습관을 들이기에 충분하다.

하루 10분 놀이영어 습관은 한 가지 대원칙에서 시작된다.

'매일, 아이가 원하는 시간에, 아이가 좋아하는 놀이로 꾸준히 실천하는 것'

이 원칙을 기본으로 내 아이만의 놀이영어 습관과 스타일을 만들어 가는 것이다.

영어를 잘하는 아이들의 공통점은 과연 무엇일까? 하루 놀이 계획을 세우고 즐기는 영어를 실천하는 것이 놀이 영어의 첫걸음이다.

어떠한 행동을 습관으로 들이는 데 필요한 시간은 21일이다. 21일은 생각이 대뇌 피질에서 뇌간까지 내려가는데 걸리는 최소한의 시간이다. 습관을 들이기가 힘든 이유는 습관이 만들어지기까지의 절대 시간 21일을 넘기지 못하기 때문이다. 사람의 뇌는 일정한 반복이 지속되면 시냅스가 형성되는데 충분히 반복되지 않아 시냅스가 형성되지 않은 부분에 대해서는 거부 반응을 보인다. 하지만 이 시간이 지나면 의식하지 않아도 자연스럽게 습관적으로 행동하게 된다.

나는 결혼 전 해외영업부서에서 근무했다. 주로 영어를 써야 하는 업무의 특성상 근무 연차가 길어질수록 나의 영어 구사 능력도 점점 향상되었다. 결혼 후에도 계속 회사에서 해외영업 업무를 하려고 했다. 철저하게 세일즈 실적으로 인정받는 점도 좋았고, 무엇보다 일을 좋아했기 때문에 아이를 낳고도 계속 일해야겠다고 다짐했었다. 하지만 막상 아이가 태어나자 나는 일을 그만두었다. 누구의 강요도 아닌 내 스스로가 내린 결정이었다.

육아에만 전념하고 싶었다. 내가 좋아하고 잘하는 일을 포기할 만큼 내 아이의 성장하는 과정이 더 소중하게 느껴졌다. 그렇게 집에서 살림하고 육아에 전념하면서 동네 엄마들과의 수다 시간이 즐거웠고, 문화센터에서 알게 된 엄마들과 유쾌한 시간을 보내면서 하루하루 아이가 커 가는 기쁨으로 살았다.

아이들이 자라면서 주위 엄마들은 자연스럽게 영어교육에 많은 생각을 하게 되는 것 같았다. 물론, 나 역시 관심이 많았다. 처음에는 우리 부부가 둘 다 영어를 구사할 수 있으니, '당연히 우리 아이도 영어는 알아서 잘하겠지'라는 막연한 생각을 갖고 있었다. 그러다 조기 교육에 관심이 많은 아이 엄마와 대화를 나누면서 '그동안 내가 말해 왔던 생활 영어로는 아이에게 부족하겠구나!'라는 생각을 하게 되었다. 그래서 그 엄마에게 몇 가지 영어 책들을 추천받아 아이에게 유아 영어교육을 시작했다.

당장은 막연했다. 앞집 엄마가 하는 영어 학습지를 시작으로 옆 동에 사는 엄마가 다니는 원어민 영어 수업도 함께 다니고, 출판사에서 고가의 영어책을 사서 방문 수업도 시켜 보았다. 정말 다양한 방법으로 아이에게 영어 공부를 시도했다.

고가의 영어 전집을 구입하여 책을 읽어 준 적도 있다. 하지만 아이가 제대로 듣고 있지 않으면 '이게 얼마짜리 책인데 좀 잘 좀 들어 봐'라는 생각이 들었고, 아이도 그런 내 생각을 느끼고 있었는지 영어책을 점점 멀리했다. 나중에는 영어 선생님이 오시면 공부하기 싫다고 투정을 부렸다.

숙명여대 교수이자 한국놀이치료학회 학회장을 역임한 이영애 저자의 《엄마도 놀이 전문가》를 읽고, 나는 아이가 놀이로 성장하고 발달한다는 것을 알게 되었다. 저자는 책에서 "아이들에게 놀이는 생활이고 자신의 언어이고 다른 사람과 만나는 수단이다. 새가 노래하듯이 물고기가 헤엄치듯이 아이들은 놀이를 한다."라고 말했다.

아이에게 영어를 주입식으로 교육한 결과, 아이는 영어를 정말 싫어하고 재미없어 했다. 그날 이후 아이가 싫어하는 학습지 형태의 방문 수업이나 센터 수업을 다 끊었다. 그리고 아이의 성향이 어떤지에 대해서 먼저 파악한 뒤, 하루 10분씩 아이가 선택한 놀이로 한 달 동안 매일 영어교육을 했다.

신기하게도 먼저 달라진 건 아이가 아니라 나 자신이었다. 시간과 비용에 전혀 부담 없이 아이와 즐겁게 웃고 떠들면서 자연스럽게 영어를 습득하도록 도와주니 점차 마음이 편안해졌고, 언제부턴가 아이와 함께 놀이영어를 즐기고 있었다.

영어를 싫어하던 우리 아이가 영어를 좋아하고 즐기는 것을 보며 그동안 나의 고민의 들어 주었던 주변의 친한 엄마들이 축하해 주었다. 그리고 나와 같은 고민을 갖고 있던 엄마들은 나에게 노하우를 알려 달라고 도움을 청했다.

영어교육으로 고민하던 주변의 친한 엄마들에게 놀이영어를 알려주게 되었다. 그렇게 동참한 엄마들도 놀이영어로 아이와 즐거운 시간을 보내게 되었다며 고마워했다. 나는 자연스럽게 하루 10분 놀이영어의 힘을 알려주게 된 것이다.

내가 한 실수를 다른 사람들은 하지 않았으면 하는 바람으로 시작한 일이 입소문이 나면서 놀이영어를 함께하는 사람들이 점점 더 많아지고 있다. 하루 10분 놀이영어를 시작하면서 나는 지금까지 하루도 빠짐없이 아이가 변화하는 과정을 메모했다. 그것을 나와 같은 고민을 하는 엄마들에게 공유하고 있다.

아이들에게는 도서관에서 책을 읽고 독후 활동으로 '클레이 영어 동화'라는 놀이영어와 '영어 스토리텔링' 수업을 진행한다. 이를 통해 많은 아이들에게 놀이영어의 즐거움을 전해 주고자 노력하고 있다. 하루 10분 놀이영어는 아이들에게 영어뿐만 아니라 자아존중감을 건강하게 형성할 수 있도록 도와주며, 집중력을 높여 준다. 그리고 무엇보다 가족 관계가 더욱 친밀해져서 엄마와 아이 모두가 행복한 놀이영어 시간을 보내게 된다.

영어뿐만 아니라 하루 10분씩 놀이를 통한 학습은 영어가 아닌 어떤 외국어라도 아이에게 재미와 흥미를 가져다준다. 아이의 눈높이에 맞춰 아이가 좋아하는 놀이를 직접 선택하고 진행하기 때문에 영어에 대한 흥미와 관심도가 높아져 자연스럽게 말문이 터지는 경우가 생긴다. 아이가 놀이영어에 몰입해 마치 모국어를 습득하듯 영어를 자연스럽게 익히게 되었다는 엄마들의 후기가 많아지면서 하루 10분 놀이영어가 가져오는 변화의 힘을 매일 느끼고 있다.

04

하루라도 빨리
시작하라

외국어는 하루라도 빨리 시작해야 한다. 단, 학습 위주의 주입식이 아닌 즐거운 놀이로 시작해야 한다. 조기 영어교육 전문가들은 "새로운 언어를 일찍 접하는 아이들은 사회성이 발달하고 지능도 높아질 수 있다. 어른들보다 더 쉽고 빠르게 배우기 때문에 어린 나이에 영어를 배울수록 영어교육의 효과가 크다."라고 말한다.

아이마다 다르지만, 영어를 일찍 시작한 아이와 속도를 맞추려면 늦게 시작한 아이는 그만큼 영어 노출 시간이 더 많아져야 한다. 물론, 늦게 영어를 시작하는 아이는 이해력이 높아 영어를 단기간에 향상할 수 있다는 장점도 있다. 늦게 시작하든, 일찍 시작하든 각각의 장점이 있지만, 영어는 놀이로 시작해야 아이가 성장하면서 영어를 더 친숙하게 받아들일 수 있다.

〈브레인 앤 랭귀지 저널〉에 따르면 "두 언어를 구사할 수 있는 바이링구얼bilingual 사람들은 한 가지 언어만 구사하는 모노링구얼 monolingual 사람들에 비해 임무 수행을 하는 데 있어서 더 적은 지적 능력을 필요로 한다."라는 새로운 연구결과가 발표되었다고 한다. 이처럼 즐거운 놀이로 영어를 시작한다면 우리 아이가 바이링구얼 키즈로 자라는 데 밑거름이 될 것이다.

캐나다 할리팩스에서 공부했을 때의 일이다. 독일에서 만난 친구와 함께 차를 렌트해서 아름다운 소도시 마혼베이를 여행한 적이 있다. 그때 작은 마을에서 진행하는 프리마켓에 참여했는데, 다른 나라 사람들과 친해져 함께 이야기를 하게 되었다. 영어만 잘하는 줄 알았던 독일 친구는 캐나다 퀘벡 지방에서 여행 온 사람들과 즐겁게 불어로 대화하고 있었다.

나는 독일 친구에게 또 어떤 외국어를 할 줄 아느냐고 물었다. 그러자 그 친구는 이탈리아어, 프랑스어, 덴마크어, 영어 등등 다양한 언어를 자연스럽게 구사할 수 있다고 말했다. 함께 공부했을 때는 영어만 사용했기 때문에 당연히 독어, 영어만 하는 줄 알았는데, 외국인을 만나 다양한 외국어를 자유롭게 구사하는 모습을 보니 놀라웠다. 언제부터 그 많은 외국어를 배웠는지도 물었다. 독일 친구는 별거 아니라는 듯 답했다.

"너무 어릴 적부터 조금씩 배워서 정확히 언제부터 배웠는지 기억이 안 나."

"어릴 적부터 많은 외국어를 배우면 힘들지 않아?"

"그냥 엄마 아빠하고 일상생활에서 즐겁게 놀면서 배웠기 때문에 힘들기보다는 즐겁고 재미있었어."

다국어 국가로 대표적인 유대인의 가정에서는 유아 때부터 4개 국어를 시작한다고 한다. 루스 실로의 《유태인의 자녀교육》에서는 이렇게 말하고 있다.

"나는 가능하다면 젖먹이 때부터 영어를 가르치는 것이 좋다고 생각한다. 젖먹이에게 영어 회화를 시키라는 뜻이 아니다. 말을 시작하기 전에 음악처럼 들려주는 것부터 시작하라는 것이다. 언어를 배우는 과정에서는 말하기보다 듣고 이해하는 것이 먼저 이루어지기 때문이다. 나의 경험으로 미루어 볼 때, 어린 시절에 외국어를 접한 적이 있느냐 없느냐에 따라 성장 후 어학 습득 능력에 큰 차이가 있다는 것은 분명한 사실이니까 말이다."

영어는 물에 종이가 스미듯이 천천히 습득된다. 부모는 조급증을 버려야 한다. 이러한 점에서 일찍 영어를 시작한 아이의 부모는 조급한 마음을 내려놓을 수 있는 마음의 여유가 있다. 반면, 초등학교에 입학해서 영어를 시작하는 아이의 부모는 영어 잘하는 아이와 비교되기 때문에 마음의 여유가 없다.

아직 많은 부모들이 '모국어가 먼저 유창해지고 나서 영어를 시작해야 아이가 헷갈려 하지 않는다'라고 생각한다.

미국의 언어학자 노암 촘스키Noam Chomsky박사의 견해에 따르면 아이들은 LADLanguage Acquisition Device : 언어습득장치를 갖고 있다고 한다. 그 래서 아이들 뇌에 자연스럽게 외국어가 노출되면 이를 분리해서 각각의 언어에 따라 저장되어 일찍 외국어를 접한 아이들은 본능 적으로 모국어와 동일하게 받아들일 수 있다는 것이다. 이 장치는 사춘기puberty가 지나면서 대부분 서서히 사라진다고 한다.

이중언어 학자로 유명한 캐나다 토론토 대학의 커민스 교수는 "이중언어 교육을 받은 학생이 그렇지 않은 학생보다 융통성이 있는 사고력을 갖고 있다."라고 지적하며, "모국어를 능숙하게 사 용할 수 있다면 외국어 역시 능숙하게 사용할 수 있다."라고 말한다.

아이의 책 중에 《현명한 알로이스》라는 스위스 동화가 있다. 주인공인 알로이스는 도시로 공부하러 가서 동물들의 말을 배워 온다. 북쪽 도시에서는 개구리의 말을, 동쪽 도시에서는 개의 말 을, 남쪽 도시에서는 물고기의 말을 배워왔다.

알로이스의 아버지는 동물의 말을 배우는 것이 쓸모없는 짓이 라고 생각했다. 하지만 알로이스는 동물들의 말을 열심히 배운 덕 분에 죽을 뻔한 사람도 살리고, 왕이 낸 문제를 풀어서 재상의 자 리에도 오르게 된다.

이 이야기는 말을 배우는 것이 얼마나 중요한지를 보여 준다.

다른 나라말을 배운다는 것은 의미 있는 일이며, 그 나라 사람들과 대화를 나눌 수 있고 글을 읽을 수 있으므로 자연스럽게 그 나라의 문화에 대해 알 수 있다는 점을 알려 주고 있다.

우리는 국제화 시대에 살고 있다. 수출을 많이 하는 우리나라의 특성상 영어를 제2외국어처럼 사용한다면 커다란 장점이 될 것이다. 때문에 어린 아이들에게 영어를 배우게 하는 부모들이 늘어나고 있다. 영어를 시작하는 아이에게는 놀이나 활동을 통해 일상적으로 자연스럽게 영어에 노출시키는 것이 중요하다. 암기식이 아닌 일상생활에서 즐겁게 놀이영어를 진행하는 것이다.

아이가 하루라도 빨리 즐겁고 재미있는 놀이로 영어를 시작하게 하자. 마음의 여유를 갖고 천천히 습득하도록 도와준다면, 아이는 더 큰 세상에서 마음껏 꿈을 펼칠 수 있게 될 것이다. 이것이 부모가 아이에게 주는 최고의 선물이다.

놀이영어,
이것만은 알고 시작하자

모든 공부는 때가 있다고 한다. 그럼 우리 아이의 영어는 언제 시작하는 것이 좋을까? 무조건 빠를수록 좋다는 많은 부모들의 생각 때문에 영어 조기교육 열풍이 불고 있다. 어리면 어릴수록 학습 효과가 높은 것으로 알려져 있기 때문이다. 하지만 어린아이에게 영어를 주입식 방법으로 가르친다면, 오히려 영어에 대한 거부감을 가져올 수 있다.

이 시기에 가장 중요한 것은 '지속성'이다. 영어교육자들은 "지속성을 유지하는 힘은 바로 아이들이 영어를 얼마나 즐겁고 재미있게 시작하느냐에 달려 있다."라고 조언한다. 놀이영어로 아이들의 영어교육을 시작해야 하는 이유다. 놀이영어라고 해서 거창할 것은 없다. 엄마가 뽀뽀해 주는 것을 좋아하는 아이라면, 아이에게 뽀뽀해 주면서 영어로 숫자 세기one, two, three…를 한다거나, 손hand,

볼cheek, 팔arm에 뽀뽀를 하면서 신체 부위를 영어로 알려 주는 것이다. 또는 아이와 놀이를 하고 있는 상황에 맞게 영어 단어나 문장으로 자연스럽게 말하는 것도 놀이영어의 시작이라고 할 수 있다.

내가 아이와 처음 했던 놀이영어는 '까꿍 놀이Peek a Boo'였다. 까꿍 놀이는 사물의 존재와 시각적 깊이를 인지하는 데 도움을 준다. 나는 물티슈를 사용하고 나면 그 뚜껑들만 따로 모아서 보관했다. 그리고 그 덮개를 재활용하여 '피카부Peek a boo'라는 까꿍 놀이 유아 영어 교구를 만들었다.

방법은 간단하다. 물티슈 커버 위에 다양한 색 테이프를 붙이고, 그 위에 아이의 이름과 '아빠, 엄마, 할아버지, 할머니'를 영어로 써 놓는다. 'Mom'이라고 쓰여 있는 덮개를 열면 아이가 엄마를 인지할 수 있도록 안에 사진을 붙여 놓았다. 그리고 뚜껑을 열 때마다 내가 "피카부Peek a boo!"라고 말하며 아이가 따라 하도록 유도했다. 아이는 덮개를 열어보면서 'Peek a Boo!'라고 신나서 말했고, 점차 자연스럽게 말할 때쯤 가족 명칭을 영어로 말해 주었다. 예를 들어 "Daddy, peek a boo!, Mommy, peek a boo!"라고 말하면서 덮개를 여는 것이다. 아이는 안에 붙어 있는 사진을 보며 가족을 영어로 습득하게 되고, 까꿍 놀이를 통해 즐겁고 자연스럽게 받아들이게 된다.

처음 아이가 말을 배울 때를 생각해 보자. 아이들은 학습이 아닌 '소리'로 자연스럽게 받아들인다. '엄마'라는 말을 하기 위해서 하루에도 몇십 번씩 '엄마'라는 말을 반복해 들려주며 말하기를 유도한다. 영어도 마찬가지다. 아이들이 영어를 학습이 아닌 '소리'로 자연스럽게 받아들이도록 도와줘야 한다. 아이들이 'Mom'이라고 말하기 위해서는 하루에도 몇십 번씩 'Mom'이라고 반복해 말하도록 도와주어야 한다는 것이다.

그렇다면 소리는 어떤 식으로 들려주는 것이 좋을까? 엄마가 영어를 잘한다면 일상어로 영어를 들려주거나 영어에 자신 없는 엄마라면 간단한 스토리 북이나 영어 동요를 반복적으로 들려주며 함께 놀이를 하면서 영어를 자연스럽게 듣도록 도와준다.

장영란의 《플라톤의 교육: 영혼을 변화시키는 힘》에서는 플라톤이 인간 본성의 이해를 통해서 제안하고 있는 교육학적 '놀이와 유희'의 원리에 대해 다음과 같이 설명했다.

"플라톤이 제안하는 놀이란 어린아이들의 본성을 지도할 때, 어린아이들의 본래적 즐거움을 추구하기 위해 자발적으로 선택하는 '활동'이라는 의미로 사용된다."

또한 플라톤의 교육 단계를 연령별로 여섯 시기로 나누어 제시하고 있는데, "출생에서 17세가 될 때까지 기초적인 훈련의 이 시기에는 개개인의 소질을 알아보기 위해 강제로 하지 않도록 하고 놀이 삼아 교육시켜야 한다."라고 말한다.

어른들의 세계와 아이들의 세계는 분명 다르다. 현재 어른들이 하고 있는 영어 공부법은 장시간에 걸쳐 전문적이고 복잡하고 많은 이해력을 필요로 하는 학습법이다. 이를 아이들에게 똑같이 적용한다면 영어에 관심은커녕 부작용만 생기고 만다.

아무리 많은 지식을 아이들에게 전달해 주고 싶어도 아이들은 제한적 지식만을 받아들인다. 그러므로 아이들에게는 놀이를 통해 영어라는 언어의 필요성을 느끼게 해 주고, 동기부여를 할 수 있도록 하거나 관심을 보이게 하는 것만으로도 충분한 공부가 된다. 동기부여가 되면 아이들은 놀이영어 자체를 진지하게 받아들이고 잠재력과 흥미를 결합하여 적극적인 자세로 임하게 된다. 즉, 놀이를 통해 느끼는 작은 양의 지식에 높은 집중력을 보이며, 더 많이 배울 수 있다는 것이다.

아이와 놀이영어를 시작할 때는 다음과 같은 마음가짐이 필요하다.

첫째, 아이와 함께 배우는 마음
둘째, 자기 주도적으로 할 수 있도록 기회를 주는 마음
셋째, 칭찬과 격려해 주는 마음

첫째, 아이와 함께 배우는 마음은 엄마표 놀이영어를 도전할 때 꼭 필요한 마음가짐이다.

"우리 아이가 매년 유치원에서 영어 활동 시간에 가져 오는 활동지가 점점 더 어려워져서 아이가 영어로 뭘 물어봐도 선뜻 대답해 주기가 힘들어져요. 제가 정말 영어를 싫어하는데 어떻게 해야 하나요? 다시 배우기라도 해야 하나요?"

엄마들과 놀이영어 상담을 하다 보면 이런 질문을 많이 받는다. 답은 이미 엄마들도 잘 알고 있다. 영어를 다시 배운다는 생각으로 아이와 같이 배우면 된다.

예전의 영어교육과는 달리 요즘 아이들이 배우는 영어 표현들은 현지에서 쓰는 문장이 많다. 나도 미국에서 유년 시절을 보내지 않았기 때문에 가끔 아이가 묻는 유아어나 일상적인 단어를 모르기도 한다. 잘 모르는 단어는 "엄마도 잘 모르겠는데 우리 함께 찾아보자."라고 말하고 아이와 함께 휴대폰이나 사전에서 단어를 찾아본다. 그리고 원어민의 발음도 함께 들어 보고 따라 한다.

이처럼 영어는 아이만 공부해야 하는 것이 아니다. 부모도 함께 배우고 즐기는 과정이라 생각해야 한다. 너무 조급해하지 말고 아이와 함께 배우며 습관을 들여야 한다. 영어는 지속성이 중요하다는 것을 기억하자.

둘째, 아이가 스스로 자기 주도적으로 놀 수 있도록 기회를 제공하자. 아이에게 즐겁고 행복한 놀이영어 시간이 되려면, 엄마 위주가 아닌 아이 위주의 시간이 되어야 한다. 아이가 놀이 선택을 할 수 있도록 의견을 존중해 주고, 부모는 그저 아이 옆에서 도움이 필요할 때만 도와주는 것이 바람직하다. '마음껏 놀게 하는 게 최고의 공부다'라는 것을 기억하자.

셋째, 칭찬과 격려가 놀이영어에서 가장 중요한 원칙이다. 탈무드 해설가로 유명한 마빈 토케이어는 저서 《유대인 부모들의 소문난 교육법》에서 다음과 같이 말했다.

"칭찬과 격려는 아이의 잠재력에 불을 지른다. 공부를 잘하는 학생들에게는 뚜렷한 공통점이 있다. 공부를 왜 해야 하는지 그 목적이 뚜렷하다는 점이다. 자신이 설정한 역할 모델이나 직업관 등 내적 동기에 의해 공부를 해야지, 남이 시켜서 하는 공부는 뒷심을 발휘하기 어렵다. 그래서 과도하게 사교육비를 들여 선행 학습을 하더라도 스스로 하고 싶어서 하는 공부가 아니면 아이들의 공부에 대한 흥미는 떨어질 수밖에 없다. 그렇다면 부모들의 역할은 분명해진다. 자녀들에게 동기부여를 하는 것이다. 이때 동기부여의 방법으로 칭찬과 격려 이상 가는 것이 없다."

저명한 정신분석학자인 프로이트 역시 칭찬과 격려에 대해 "가족들에게 칭찬과 격려를 듣고 자란 사람은 성공한 사람의 기분을 일생 동안 갖고 살며, 그 성공에 대한 자신감은 그를 자주 성공으로 이끈다."라고 말했다.

이처럼 아이들은 격려를 받게 되면 동기부여의 불씨가 타올라 칭찬받을 행동을 하기 위해 잠재력을 끌어올리는 힘이 있다. 나는 칭찬과 격려가 아이들의 영어 잠재력에 많은 영향을 끼친다는 것을 아이들의 영어 실력 향상을 통해 이미 알고 있었다.

나는 영어 수업의 하나로 아이들에게 '리워드 차트Reward chart'라는 것을 준다. 영어 수업 중에 칭찬을 받으면 그때마다 칭찬 스티커를 주고, 리워드 차트에 칭찬 스티커를 붙이는 것이다. 아이들이 칭찬 스티커를 다 붙인 리워드 차트를 가져오면 작은 선물로 바꿔 준다. 적어도 한두 달에 한 번씩은 꼭 선물을 받을 수 있도록 칭찬과 격려를 아낌없이 해 준다. 그리고 선물을 줄 때 아이가 그동안 영어를 잘하기 위해 노력해서 받은 선물이라는 것을 알려주면, 아이는 작은 선물도 소중한 보물처럼 생각하고 더 열심히 한다.

놀이영어를 하고자 결심한 엄마라면 오늘부터 집에 리워드 차트를 붙여 보자. 아주 사소한 일이라도 아낌없는 칭찬과 격려를 해 주고, 차트에 스티커를 다 채우면 작은 선물을 주면서 응원해 주는 것이다. 아이에게 칭찬이 쌓이면 쌓일수록 아이는 자존감이 올라가고 더 잘하고 싶은 마음을 갖게 된다.

《엄마가 가르치는 우리 아이 영어 몰입 교과서》의 저자 김숙희는 영어 잘하는 아이로 키우는 비법에 대해 "영어를 좋아하는 아이로 키우고, 항상 잘한다고 칭찬하고, 더 잘할 수 있다고 격려하는 것이 영어 잘하는 아이로 키우는 비법이었다."라고 밝혔다.

놀이영어를 시작할 때 부모는 아이와 영어를 다시 함께 배운다는 열린 마음으로 아이의 눈높이에 맞추고 조급해하지 말아야 한다. 그리고 아이에게 자기 주도적으로 놀이 선택의 기회를 주어야 하며, 아낌없는 칭찬과 격려로 하루 10분씩 꾸준히 즐거운 시간을 갖는 것이 중요하다.

어떻게
시작해야 하나?

　놀이영어는 언제 어떻게 시작해야 우리 아이가 영어를 즐겁고 재밌게 할 수 있을까?

　우선 시기는 아이가 흥미를 보일 때 시작하는 것이 가장 좋다. 중요한 것은 어떻게 흥미를 갖게 하느냐인데, 여기서는 엄마의 역할이 중요하다.

　엄마가 먼저 영어를 좋아하면 아이도 좋아하고, 엄마가 영어를 쉽게 생각하면 아이도 쉽게 인지한다. 아이의 흥미가 우선이 아니라 엄마의 마음가짐부터 준비가 되어 있어야 한다. 그만큼 엄마의 노력이 필요하다는 뜻이다.

　아이에게 흥미를 느끼게 하려면 엄마가 영어로 자주 이야기해 주는 것이 좋으며, 아이의 눈높이에 맞게 아이가 좋아하는 분야로 영어와 친해질 수 있는 환경을 만들어 주는 것이 좋다. 만약 부끄러움이 많은 성격의 엄마라면 먼저 집 안에서 아이와 단둘이 시작해 보자. 점차 자신감이 생길 때쯤 야외로 나가 활동을 통한 놀이영어로 진행해 보는 것이다.

예전에 대형마트 문화센터에서 '쿠킹 잉글리시' 수업을 한 적이 있다. 수업이 끝나고 엄마들에게 "이왕 마트에 오셨으니 아이와 영어로 대화하면서 마트에서 장을 보고 가는 게 어떨까요?"라고 권유했다. 그러면 엄마들은 대부분 "어머! 내가 영어 못하는 거 다른 사람이 들으면 어떻게 해요!"라며 쑥스러워한다. 그러면서도 막상 마트에서 아이와 열심히 영어로 대화하고 있는 엄마들이 많다. 역시 엄마는 아이를 위해서라면 못 하는 게 없는 존재라는 생각에 흐뭇한 마음으로 그들의 모습을 바라보았다.

"Do you want some ice cream? Yes, please!! Do you like mushrooms? No!!"

그러다 눈이 마주쳤고, 나는 정말 잘하고 계신다며 격려해 드렸다. 다음 주가 되어 수업시간에 참여한 엄마들을 만났다. 마트에서 마주쳤던 엄마는 나를 보자 밝은 표정으로 말했다.

"처음이 어렵지 계속하다 보니 창피한지도 모르겠어요. 요즘에는 아이가 친구들에게 '우리 엄마는 영어를 엄청 잘한다!'며 자랑하고 다니고 있더라고요."

처음에는 쑥스럽고 어떻게 해야 할지 모르겠다는 이유로 놀이

영어를 시작하지 못하는 엄마들이 많다. 그러면 나는 엄마들에게 그냥 일상 속에서 사소한 일이라도 자연스럽게 영어로 말해 보는 것을 시도하라고 한다. 이것으로도 충분히 놀이영어의 시작이 될 수 있다.

다음은 아이를 위한 놀이영어의 첫걸음이다.

첫째, 아이의 오감을 통해 영어를 느끼게 해 준다.

일상생활에서 부모가 아이에게 영어로 말하거나 다양한 그림책을 읽어 주는 것, 율동과 노래를 함께 부르고, 다양한 물건의 촉감을 느낄 수 있도록 만져 보게 하는 것도 놀이영어의 첫걸음이다. 장을 보면서도 계절 채소나 과일의 이름을 말해 주거나, 아이에게 다양한 맛을 접하게 하면서 영어로 말해 주면 더욱 좋다.

둘째, 영상 매체는 되도록 천천히 노출시켜야 한다.

엄마와 아이가 함께 시청하면서, 하루에 10분씩 시간을 정해 아이와 약속하고 보는 것이 좋다. 권장희 놀이미디어교육센터 소장은 스마트폰이나 TV, DVD, 게임 등은 후두엽을 자극해 전두엽의 역할인 '깊이 생각하는 능력'을 차단한다고 말한다. 또한 장시간 노출되면 아이들의 지능 발달과 사고력, 추리력 및 표현력 등을 저하시킨다고 한다. 영상 매체를 통해 영어를 노출할 수 있다는 점은 좋지만, 단점도 있다는 사실을 꼭 잊지 말아야 한다.

셋째, 파닉스 학습은 아이가 충분히 준비되었을 때 시작한다.

아이가 문자에 호기심을 보이고 충분한 준비가 되었다면 언제든지 학습을 시작할 수 있지만, 반대로 문자에 관심이 없다면 호기심이 생기기 전까지 일단은 기다려 주는 것이 좋다. 놀이영어의 주인공은 아이다. 영어는 단기간에 끝내는 것이 아니므로 아이의 눈높이에 맞게 여유롭게 진행할 수 있는 엄마의 지혜가 필요하다.

넷째, 정보에 휩쓸리지 않는 자세도 필요하다.

주변 엄마들의 말에 흔들리지 않는 줏대가 있어야 한다. 무턱대고 고가의 영어 도서를 구입한다거나 너무 높은 단계의 책을 읽도록 강요하면, 오히려 아이가 즐겁게 쌓아 올린 영어의 탑이 무너질 수 있다. 《고독한 엄마가 아이를 잘 키운다》의 저자 다케나가 노부유키는 정보 수집에 집착하는 엄마에 대해 이렇게 말했다.

"육아 잡지나 텔레비전에서, 또는 유치원 엄마들로부터 다양한 정보를 입수하는 데 많은 시간을 쏟습니다. 이 과정에서 모은 정보들이 자신의 생각과 맞지 않아 불안해지면 이를 해결하기 위해 새로운 정보를 더 많이 수집하지요. 또 다른 엄마들이 알고 있는 정보를 자신만 모르고 있으면 더 조급해하기도 합니다. 사실 그렇게 모은 정보들은 꼭 필요하지도, 정확하지도 않습니다. 그저 과잉 커뮤니케이션에 빠진 것뿐이지요."

현명한 엄마라면, 정보의 귀는 열어 놓되 내 아이에게 맞는 보물 같은 정보만 취할 수 있어야 한다.

다섯째, 엄마도 영어를 다시 시작하자.

평소 영어와 담을 쌓고 지냈던 엄마라면, 내 아이를 위해서 달라져 보자. 우선 아이가 보는 쉬운 영어책으로 다시 영어와 친해지는 것이다. 영어 선생님에게만 의지하는 엄마는 아이도 눈치챈다. 아이의 만족스러운 영어 생활을 원한다면 엄마도 이번 기회에 영어를 다시 시작해 보자.

아이가 가장 좋아하는 것은 놀이다. 놀이에 영어만 살짝 넣어 주면 아이들은 즐겁고 자연스럽게 영어를 받아들이게 된다. 영어에 자신이 없었던 엄마라면, 아이의 수준에 맞는 영어로 시작해 같이 배워 간다는 마음가짐을 갖는 것도 중요하다.

놀이영어를 진행하면서 엄마가 과장된 몸짓이나 망가지는 모습을 보여 주면, 아이는 영어뿐만 아니라 엄마도 좋아하게 된다. 그렇게 하루 10분씩 꾸준히 놀이영어를 진행한다면, 이는 습관으로 자리 잡게 되어 아이의 영어 실력이 향상될 수밖에 없다.

가르치는 영어가 아닌 놀아 주는 영어를 하라

지난 2012년에 방송된 EBS 〈다큐프라임〉 '놀이의 반란' 편은 엄마들 사이에 큰 반향을 불러일으켰다. 제작진은 '놀이의 선택'에 관한 흥미로운 실험을 진행했다. 아이들을 세 집단으로 나누어 A집단은 아이가 하고 싶은 놀이를 자유롭게 선택하게 하고, B집단은 교사가 놀이를 지정해 주고, C집단은 교사가 '이걸 하고 놀면 어떨까?'라며 놀이를 권유했다.

20분이 지난 뒤 교사는 아이들에게 "이제는 지금 하고 있는 놀이 말고도 다른 놀이를 해도 된다."라고 말한다. 아이들은 어떤 선택을 했을까? 다음과 같은 재밌는 결과가 나왔다.

자유롭게 하고 싶은 놀이를 선택하게 한 A집단의 아이들은 다른 놀이를 해도 된다는 말에도 개의치 않고 처음 자신들이 선택한 놀이를 계속하고 있었고, B와 C집단의 아이들은 교사의 말이 끝나기가 무섭게 자기가 하고 싶은 다른 놀이를 선택했다.

A집단의 아이들은 스스로 원해서 한 '진짜 놀이'를 한 것이며, 나머지 두 집단은 어쩔 수 없이 할 수밖에 없던 '가짜 놀이'를 한 것이다. 그렇다면 진짜 놀이와 가짜 놀이는 어떻게 구별할 수 있을까?

'진짜 놀이'는 놀이의 주체가 '아이'에게 있어야 한다는 것이다. 아이 스스로 선택하지 않고 주도성이 없는 놀이는 진짜 놀이가 아니다. 그렇다면 진짜 놀이를 하기 위한 방법을 알아보자.

1. 익숙한 장난감이 더 좋다

익숙한 장난감은 아이에게 자신을 표현할 수 있는 훌륭한 놀이 도구다. 더구나 새로운 장난감보다 그동안 아이가 많이 만지고 놀았던 익숙한 장난감을 반복적으로 가지고 놀 때 더 창의력이 발휘된다고 한다.

2. 놀이할 때 아이와 많은 대화를 하라

놀이할 때는 많은 대화를 하는 것이 좋다. 아이가 선택한 놀이를 존중해 주고, 노는 것을 지켜봐 주는 것만으로도 아이는 '엄마가 나를 믿어 주는구나'라는 생각을 한다.

3. 놀이 시간을 확보해 주자

아이가 심심하다며 엄마에게 "나랑 놀자."라고 말할 때가 있다. 무심코 아이의 말을 모른 척한다거나 귀찮다고 TV를 틀어 주는 등의 행동은 삼가야 한다. 어떤 놀이를 하고 싶은지 아이에게 묻고 아이가 선택한 놀이를 실천하는 것이 좋다.

4. 아이가 놀이의 주도권을 가지고 있는지 확인하라

간혹 아이가 하고 싶지 않은 놀이를 강요하는 부모가 있다. 놀이라는 이름의 학습이다. 커리큘럼에 맞춰 진행하는 학습에 아이는 금세 흥미를 잃고 하기 싫어한다. 이는 아이가 놀이의 주도권을 온전히 빼앗겼기 때문이다. 놀이의 주도권을 아이가 가졌는지 확인하며 놀이를 진행하는 것이 중요하다.

5. 야외 놀이를 즐기자

아이와 집 밖으로 나가 보자. 수많은 놀잇거리들이 아이에게 놀자고 손짓하고 있다. 다양한 식물부터 곤충, 나무 등 자연 그대로가 놀이터가 되어 아이에게 상상력과 호기심을 키워 준다.

핀란드에서는 아이들이 온종일 밖에서 그네를 탄다거나 숲 속에서 뛰어놀면서 자연을 배운다. 이는 놀이를 중요하게 생각하는 교육방침으로, 핀란드는 매년 국제 학생 평가(PISA) 부분에서 종합 1등을 차지하는 성과를 거두고 있다.

내가 진행하는 놀이영어 수업 중에 아이들이 가장 기다리는 수업이 있다. 바로 '쇼앤텔Show and Tell' 시간이다. 쇼앤텔 수업은 아이들에게 주제를 정해 주고, 각자 생각하는 물건을 가져와서 친구들 앞에서 그 물건을 설명한다. 즐거운 분위기 속에서 발표력과 경청하는 자세를 동시에 길러 줄 수 있는 수업이다.

처음 수업을 시작할 때는 아이들에게 충분히 설명하고, 이를 숙지한 아이들부터 발표를 시작한다. 그렇게 첫 시간에 발표하는 아이들의 모습을 꼭 휴대폰 동영상으로 찍어 둔다. 수업이 거듭되고 어느 정도 아이들이 발표가 익숙해져 갈 때의 모습도 찍는다. 그리고 아이들에게 쇼앤텔 발표 영상을 보여 준다. 동영상을 보면서 아이들은 웃고 떠들며 부끄러워하기도 하지만 다음 쇼앤텔 수업에는 나름 진지해진 모습의 아이들을 보게 된다. 스스로 더 많이 준비하고 즐기면서 발표를 하는 것이다.

처음에는 발표할 때 상대방의 눈조차 쳐다볼 수 없어 하던 아이도, 목소리가 너무 작은 아이도, 손을 어디에 두고 말해야 할지 몰라 계속 두 손만 만지는 아이도 수업이 거듭될수록 점점 변화했다. 목소리도 크고 또박또박하게 말하는 것은 물론, 듣고 있는 친구들의 눈을 맞추며 적절한 제스처까지 이용하면서 자신감에 가득 차 발표하는 모습으로 발전해 나갔다.

미국 아이들이 만 3세부터 시작한다는 쇼앤텔은 아이가 자신의 생각을 말하는 체험을 통해 논리력과 발표력을 길러 주는 활동이다. 아이가 좋아하는 모든 것이 쇼앤텔의 주제가 될 수 있으므로 발표를 즐기면서 하게 되고, 자신 있게 말하는 연습을 할 수 있다.

집에서도 아이에게 좋아하는 장난감이나 책을 가지고 말하는 연습을 할 수 있다. 그러나 아이가 많은 사람들 앞에서 발표하기란 쉬운 일이 아니다. 아이의 발표력이 단기간에 향상되는 것은 아니지만, 아이 스스로 즐겁게 참여하게 된다면 오래 걸리더라도 자신감과 표현력이 향상될 수 있다. 무엇보다 남 앞에서 말하고 듣는 법을 습득하게 된다.

"아이와 잘 놀아 주는 부모가 되어야 아이가 한글 떼기도 쉽다."라는 말이 있다. 영어도 아이와 잘 놀아 줘야 습득하기 쉽다. 영어 단어 하나라도 더 가르쳐야 한다는 '부모의 욕심'부터 내려놓는 것이 중요하다. 다른 아이보다 늦게 영어를 시작했다고 해서 조급해 하지 말고, '나이'에 집착하지 말아야 한다.

영어는 아이가 관심을 보일 때 놀이로 즐겁게 시작하면서 천천히 꾸준히 해야 함을 명심하자. 어른의 방식이 아닌 아이의 방식대로 영어로 놀아 주는 것이다. 아이가 흥미를 보이는 분야에 집중해 놀아 준다면 머지않아 누구보다 영어를 잘하고 즐기는 아이가 되어 있을 것이다.

아이들의 영어는 놀이에 필요한 도구다. 몸으로 익히고 재미있게 웃으며 자주 만나는 영어 환경을 아이에게 자연스럽게 체득하게 하는 것이 중요하다.

가르치는 영어가 아니라 우리말을 익히듯 놀이, 일상생활 등 다양한 경험을 통해 영어 습득을 도와주고 영어의 사고를 확장시킬 수 있도록 노력해야 한다.

놀이영어로
쉽고 즐겁게 배우기

아이에게 영어란 놀이의 도구가 되어야 한다. 아이들의 두뇌는 어른과 달리 스펀지 같아서 새로운 지식을 습득하는 능력이 뛰어나다. 특히 아이의 연령이 낮으면 낮을수록 더욱 몸으로 익히고, 일상생활에서 자연스럽게 영어를 접하게 하는 것이 좋다. 놀이로 두뇌에 적절한 자극을 주면 영어 발달에 많은 도움이 되기 때문이다.

나는 미국 텍사스에 친정이 있다. 그래서 몇 년에 한 번씩은 미국을 방문한다. 친정집 근처 놀이터에서 아이와 놀다가 알게 된 엄마들과 아이들이 대화하는 것을 보게 되었다. 내용을 들어 보니 정말 쉬운 단어로만 대화하고 있었다. 그들과 대화하면서 원어민들도 그다지 어렵지 않은 단어로 말하고 있다는 것을 깨닫게 되었다. 이처럼 일상생활에서 쓰이는 영어 어휘의 범위는 그다지 넓지 않다.

실제로 2,500개의 단어만 알면 원어민들이 일상적으로 하는 커뮤니케이션의 85%가 가능하다는 연구 결과가 있다. 중학교 정규 교과 과정에 포함된 단어의 개수보다도 적은 2,500개의 단어로 원어민과 대화하는 데 전혀 문제가 없다는 뜻이다.

언어는 소통이다. 내가 말하고 싶은 내용을 상대방이 이해하고 또 상대방의 말을 내가 알아들을 수 있으면 된다. 아이들의 영어 역시 소통을 기반으로 일상에서 자연스럽게 익히는 것이 좋다. 아이 눈높이에 맞춰 쉬운 단어를 많이 사용하고 즐겁게 놀면서 할 수 있는 놀이영어로 시작하면 된다.

일상생활에서 많이 쓰는 영어 동사는 특성상 글로 표현하기 어렵다. 수업 시간에 문장을 암기할 때도 다른 부분은 몰라도 동사는 꼭 제스처를 취한다. 선생님이나 엄마가 하는 모습을 아이들이 따라 하기 때문에 아이들도 자연스럽게 동사를 외울 때는 몸짓으로 표현하며 즐겁게 익힌다.

단어를 쉽게 외우게 하려고 수업 시간에 즐겨 사용하는 것은 영어그림사전이다. 영어그림사전에 나오는 단어들만 알아도 영어권 나라에서 사는 데 무리가 없을 만큼 많은 단어와 그림이 수록되어 있다. 아이들이 손쉽게 볼 수 있는 곳에 배치하고 근처에 있거나 심심할 때 아이에게 그림을 보여 주면서 이야기를 해 준다.

단어로 열 번 설명해 주는 것보다 한 번 '그림'을 보여 주면 오래
도록 기억에 남는다.

이외에도 다양한 '알파벳 북'과 '영어그림사전' 만드는 방법이
있다. 아래의 방법은 아이들이 가장 만들기 쉬워하고 좋아했던 방
법이다. 알파벳 북과 영어그림사전을 동시에 만드는 것인데, 아이
들이 직접 만들어 보면 다양한 영어 단어를 익히는 데 매우 효과
적이다.

 알파벳 북 만들기

1. 공책을 준비해서 한 장에 한 글자씩 알파벳을 써넣는다.
2. 각각의 페이지에 쓰인 알파벳을 보고 해당 알파벳으로 시작하는 단어를
   찾아 적는다. 예를 들어 'C'가 적힌 페이지에 'cat, cow, cap, cup' 등 아이
   가 일상생활에서 많이 보는 단어 위주로 크게 적는다.
3. 각 단어에 해당하는 그림을 그리거나 신문, 잡지, 전단지 등에서 사진을
   오려 붙인다. 나머지 알파벳이 적힌 곳에도 같은 방법으로 단어를 적고
   해당 그림이나 사진을 붙인다.
4. 하루에 한 개의 알파벳만 정해서 해 본다. A~Z까지 완성하는 것이 목적이
   아니라 다양한 단어와 그림을 보여 주고, 즐거운 시간을 함께하는 데 목적
   이 있다.

■ 아이가 어릴수록 공책이 아닌 스케치북이 좋으며 단어를 크게 적는 것이
   좋다.

집에서 부모가 자주 보는 책은 아이가 호기심을 갖고 보게 된다. 아이가 그림을 통해 단어를 익히면 머릿속에 더 오래 기억할 수 있다. 명사는 직접 사물을 보여 주거나 영어그림사전을 활용하는 것이 좋다.

'동사는 행동, 명사는 그림'을 기억하자. 놀이영어를 하거나 아이에게 영어로 대화할 때 쉬운 단어를 사용해 말해야 한다. 예를 들어 아이와 소꿉놀이를 하면서 채소를 씻을 때 'Wash, wash, wash', 채소를 자를 때 'Cut, cut, cut', 섞을 때 'Mix, mix, mix'로 말하면서 아이가 '저 정도는 나도 하겠다'라는 생각을 갖게 해 주는 것이다.

놀이를 통한 영어는 쉽다. 부모는 아이의 입장에서 생각해 보고, 어떻게 놀아 줘야 아이가 쉽게 이해할 수 있을지 생각하자. 이렇게 쉬운 단어로 쉽게 놀이하다 보면 아이가 어느새 영어에 자신감을 갖고 큰 소리로 따라 하며 놀고 있는 모습을 발견하게 될 것이다.

09
아이가 좋아하는 놀이로
영어를 시작하라

엄마표 영어수업에서 만난 엄마들과 놀이영어 수업에서 처음 만나는 아이들에게 나는 항상 똑같은 질문으로 시작한다.

"영어가 재미있나요?"

엄마들은 항상 "아니요!"하고 아이들은 늘 "네!"라고 대답한다. 아이들보다 엄마들이 영어를 훨씬 더 많이 알고 있고 더 잘하지만, 엄마들은 영어를 재미없고 따분하며 머리 아픈 공부라고 생각한다. 아이들은 영어를 잘하든 못하든 초등학교 저학년까지는 영어를 재미있고 즐거운 언어라고 생각한다.

엄마들이 '내가 했던 영어 공부는 주입식이야. 내 아이도 주입식으로 해야 빨리 영어로 말할 수 있어'라고 생각한다면, 아이는 즐겁게 영어를 시작할 수 없게 된다. 아이들의 뇌와 어른들의 뇌는 영어 학습에 대한 부분도 많이 다르다.

뇌 과학자들은 아이의 뇌 발달 상태를 살펴 아이에게 맞는 두뇌 자극이 필요하다고 말한다. 무조건 어릴 때부터 더 빨리 더 많이 주입식 교육을 해서는 안 된다. 특정 영역의 뇌가 충분히 발달하지 않은 상태에서 부모가 무리한 요구를 하게 되면 아이가 부모에게 받는 스트레스로 뇌 발달에 장애를 일으킬 수 있기 때문이다. 아이들의 두뇌 발달은 아이마다 다르다는 것을 꼭 염두에 두어야 한다.

밥을 먹을 때 편식하면 몸에 좋지 않듯이 아이의 두뇌도 골고루 자극시켜 줘야 균형 잡힌 발달을 할 수 있다. 뇌세포는 6세에 성인의 90%가 성장하여 10세에 95%, 20세에 100% 완성된다고 한다. 열 살까지는 다양한 경험으로 '즐겁다 재미있다'를 길러 줘야 하는 것이다.

0~3세는 뇌가 전반적으로 골고루 발달하는 시기이므로 주입식 학습 방법은 뇌 발달에 큰 도움을 주지 못한다. 한쪽으로 편중된 자극보다는 다양한 자극과 운동과 오감을 느끼게 해 주는 공놀이, 악기소리놀이, 그리기, 흉내 내기 등 오감을 깨우는 놀이가 좋다.

3~6세는 종합적인 사고의 인간성, 도덕성을 담당하는 전두엽이 집중적으로 발달하는 시기이므로 예절 교육과 인성 교육을 하면 예의 바르고 인간성 좋은 성인으로 자라게 된다. 이 시기에 아이에게 많은 장소에서 훈육하기보다는 아이와 단둘이 눈을 마주

치고 조용히 훈육하는 것이 좋다. 아이가 상처받을 만큼의 심한 훈육은 피해야 한다. 부모의 인성이 바르고 예의 바르면 아이도 예의 바르고 인성이 훌륭한 아이로 자라게 된다. 아이는 부모의 거울임을 기억하자.

학습 과정이 더욱 즐겁고 재미있다면 아이들의 성장은 더욱 뛰어날 것이다. 하지만 6세 이전의 아이들에게 외국어나 음악 등을 가르칠 때 절대 억지로 시켜서는 안 된다. 아이가 원하지 않으면 하면 바로 그만두고 시기를 기다리는 것이 좋다. 이 시기에는 새로운 상황을 자주 접하게 해 주는 것이 두뇌발달에 좋으며 친구들과 함께 하는 놀이를 하며 사회성과 타인을 배려하는 마음을 키워 주는 것도 좋다.

6~12세에는 언어의 뇌로 불리는 두정엽과 과학의 뇌로 불리는 측두엽이 발달한다. 이 시기에는 외국어 교육을 비롯한 말하기, 듣기, 읽기, 쓰기 교육에 효과적이다. 영어책으로 고전, 명작 등을 다독하면 영어 어휘 실력이 상당히 향상된다.

특히 아이가 좋아하는 놀이로 시작하면 아이가 엄마와 놀면서 영어를 저절로 습득할 수 있으므로 아이도 엄마도 부담 없이 영어를 즐길 수 있다. 김숙희 저자의《엄마가 가르치는 우리 아이 영어 몰입교과서》에서는 "아이를 영어환경에 자연스럽게 노출시킬 수 있는 가장 좋은 방법은 놀이다. 특히 취학 전 어린아이들의 경우 신체, 감성, 지각, 사회적 영역을 골고루 발달시켜야 하는 시기이기 때문에 영어교육도 4가지 영역을 골고루 발달시키는 놀이학습으로 접근할 때 가장 큰 효과를 볼 수 있다."라고 말한다.

몇 년 전 6세에 영어를 처음 접한 크리스탈Crystal이라는 여자아이와 놀이영어 수업을 진행했을 때의 일이다. 수업을 하고 얼마 지난 후부터 엄마의 표정에서 조급함과 불안감이 느껴졌다. 나는 아이의 엄마에게 다가가 물었다.

"아이에게 영어를 가르치지 않고 놀이만 해서 불안하세요?"

"네. 아이가 영어를 좋아하고 재미있어하기는 하는데, 너무 놀이로만 진행하는 건 아닌지, 언제쯤 영어로 읽고 영어 말문이 터질까요?"

"아이마다 다르지만 지금 크리스탈은 영어를 재미있어하고 영어 단어 읽기에 호기심이 많고 즐거워하니 3개월 안에 천천히 영어로 읽고 몇 문장이라도 말하게 될 겁니다."

그때만 해도 크리스탈 엄마는 내 말을 믿지 않았다고 했다. 그런데 한 달 정도 지나자 아이가 영어책을 소리 내어 읽으면서 "Daddy, I like this book."이라고 말하기 시작하더니, 영어 말문이 터지고 집에 있는 영어책을 다 읽었다며 새로운 영어책을 사달라고 조른다며 신기해했다. 나는 그녀의 말에 당연한 결과라고 생각했다.

놀이영어라고 해서 무작정 놀기만 하지는 않는다. 아이들은 놀이를 통해 살아 있는 영어를 습득하며 상황에 맞는 진짜 영어를 배우고 있다. 현재 크리스탈은 미국 초등학교의 아이와 같은 학년의 교과 과목을 영어로 배우고 있다. 또한 크리스탈의 엄마는 주위 엄마들에게 엄마표 놀이영어의 힘을 적극 추천하는 엄마가 되었다.

놀기만 하고 도대체 영어 공부는 언제 하는지 이해하지 못하겠다는 엄마들도 놀이영어를 시작한 뒤 얼마 지나지 않아 영어를 좋아하게 되는 아이를 보면 다시 생각하게 된다. 아이가 좋아하는 놀이를 직접 선택하게 해 함께 즐겁게 놀다 보면 엄마가 영어로 대화하는 데 거부감이 없고 더욱 놀이영어에 집중하는 모습을 발견하게 된다.

엄마의 선택으로 아이 성향에 맞지 않거나 아이가 좋아하지 않는 놀이로 아이와 함께 놀이영어를 하게 되면 아이는 영어학습의 탈을 쓴 공부라는 사실을 바로 알아차린다. 아이가 놀이의 주체가 되어 자기가 좋아하고 선택한 놀이를 통해서만이 자연스럽게 집중도 높은 즐거운 영어 환경을 만들어 줄 수 있다. 아이와 즐겁게 영어로 시간을 보내고 싶다면 아이가 좋아하는 놀이를 선택해 영어를 시작하자.

PART
2

ABC

아이는
놀이를 통해
영어를 배운다

하루 10분
놀이영어의 힘

하루 10분의 몰입 놀이영어는 아이의 영어를 바꾼다. 정말 하루 10분이면 충분할까? 10분이라는 시간은 엄마도 아이와 영어로 놀아주는 데 많은 시간을 들여야 한다는 부담감을 덜 수 있어서 꾸준히 실천할 수 있고, 습관을 들일 수 있다. 하루 10분만으로 놀이영어가 습관이 되면 아이가 평생 즐거운 영어와 함께할 수 있다.

아이가 잘 따라와 준다고 욕심을 부려선 안 된다. 엄마의 놀이영어는 아이와 천천히 즐기면서 하는 것이 중요하다. 하루 10분만의 몰입으로 놀이영어는 엄마와 아이의 영어를 변화시켜 줄 중요한 시작이다.

하루 10분 놀이영어의 성공 Tip은 다음과 같다.

첫째, 타이머로 10분을 맞추자.

놀이영어를 진행하다 보면 10분이라고 생각했던 시간이 엄마와 아이가 즐겁게 놀다 보면 30분이 넘는 경우가 많다. 처음엔 즐겁게 할 수 있지만, 시간이 길어지면 아이도 엄마도 힘들어져서 포기하게 될 수 있다. 오히려 딱 10분만 진행해 아이가 아쉽게 만들어야 한다.

둘째, 아이가 좋아하는 놀이를 아이가 선택하게 하라.

아이가 좋아하는 놀이로 진행해야 시간도 잘 가고 몰입도 잘한다. 놀이의 선택은 온전히 아이의 의견을 존중하자. 시간은 10분으로 시작하되 아이에 따라 천천히 늘려 나가면 된다.

셋째, 아이와 함께한 놀이영어를 사진으로 남기거나 달력이나 다이어리에 적어서 아이와의 소중한 추억을 간직하자.

기록하지 않으면 남는 것이 없다. 매일 아이와 10분 놀이영어를 하고 난 뒤 놀이 제목이나 아이가 특히 좋아했던 부분, 싫어했던 부분을 적어 놓고 보게 되면 내 아이를 객관적으로 바라볼 수 있게 된다.

넷째, 아이와 놀이했던 내용과 관련 있는 영어 그림책을 읽어 줘라.

예를 들어 아이가 그림을 그리고 싶어 해 꽃을 그리는 간단한 놀이를 진행했다면, 놀이하고 난 후 아이에게 영어 그림책을 읽어 주면 좋다. 영어 그림책을 읽으면서 오늘 진행한 놀이에 대해 아이도 다시 정리할 수 있도록 도와주는 것이다.

다섯째, 엄마가 가장 좋은 놀이영어 선생님이라는 점을 잊지 말자.

하루 10분 놀이영어를 진행하다 보면 아이보다 엄마가 먼저 힘들어지기 시작한다. 행동으로 옮기고 난 후에는 체력전이라는 것을 기억하라. 가장 좋은 선생님은 부모고, 가장 좋은 학교는 가정이다. 놀이를 통한 영어교육은 엄마의 몫임을 기억하며 하루 10분 동안 열정적으로 아이와 함께 즐기자.

국내 1세대 스타 영어강사 박현영의 《박현영의 슈퍼맘 잉글리시》에서는 "유아 때는 하루 10분, 유치원 때는 20분, 초등학교 저학년 때는 30분만 같이 하자. 그 이상은 모두에게 무리다. (중략) 얼마나 오래 하느냐보다 짧지만 매일 하루도 빼먹지 않고 하는 것이 중요하다."라고 말하고 있다.

하루 10분의 자투리 시간을 활용하여 영어 환경을 만들어 주는 것으로 우리 아이의 영어는 시작되었다. 매일 하루 10분 놀이영어의 또 다른 좋은 점은 바로 미루는 습관이 고쳐지게 된다는 점이다. 계획한 일을 꾸준히 실행하면서 미루지 않고 바로 실행할 수 있는 힘을 기를 수 있다.

아이와 열정적으로 놀아 주는 시간은 더도 말고 10분이면 된다. 엄마들에게 하루 10분 놀이영어의 힘을 이야기하면 대부분은 "하루 10분 정도야 그 정도는 나도 하겠다!"라고 말한다.

10분만 아이와 함께 영어로 놀면서 했더니 아이의 영어 실력이 달라졌다는 엄마들은 주변 사람들에게 하루 10분 놀이영어 힘에 대해서 이야기해 주고 있다.

놀이영어 후기를 적극적으로 남겨 주시는 한 어머니가 있다. 초등학교 저학년 남자아이의 엄마다. 초등학교 1학년에 처음 영어를 시작했다는 남자아이는 평소에 자존감도 높고, 무슨 일이든 항상 적극적으로 자신의 의견을 펼치는 아이였다. 그런데 초등학교에 입학하고 몇 달이 지나자 아이가 혼자 있으려고 하고 점점 소극적으로 변하기 시작했다. 엄마는 아이와 많은 이야기를 나누면서 그 이유가 영어 때문이라는 것을 알게 되었다고 한다.

아이의 유치원 친구들은 모두 일반 유치원에서 하는 기본적인 영어 수업 외에 따로 영어를 배우지도 않았고, 주변 아이들도 모두 비슷한 영어 수준이었다. 그런데 초등학교에 들어가니 영어유치원 출신 아이들을 비롯해 일반 유치원을 나와도 영어를 잘하는 아이들이 너무 많아졌던 것이다. 영어 때문에 자신감이 낮아지고 영어를 잘하는 친구들과 비교하며 우울해져서 나중에는 아이가 좋아하던 책 읽기도 싫어하기 시작했다.

주변에서 친하게 지내는 엄마가 고민을 듣더니 놀이영어를 적극 추천해 주었다고 한다. 그리고 상담을 해 보고 싶어서 나에게 연락했다고 했다. 상담하면서 엄마는 "아이가 초등학생 남자아이인데 놀이영어요?"라고 되물었다. 그러면서도 시작해 보겠다고 했다. 나는 하루 10분 놀이영어에 필요한 자료와 방법 등을 알려 주었다. 평소에 책을 좋아하고 원래 적극적으로 발표하기 좋아하던 씩씩한 아이였기 때문에 놀이영어를 시작한지 얼마 되지 않아 눈에 띄게 실력이 향상되었다. 지금은 영어유치원 출신 아이들과 영어로 대화하고 토론해도 절대 기죽지 않을 만큼 영어에 자신 있는 아이로 잘 크고 있다.

황윤정의 《취학 전 완성하는 첫 사교육》에서는 "어차피 완벽한 이중 언어 환경을 만들기 힘들다면, 엄마가 아이에게 영어를 잘 시키는 방법은 '시간'과 '지속성'과의 싸움입니다. 특히 아이가 어릴 때는 시간을 오래 잡는 것보다 다만 하루 10분, 20분이라도 꾸준히 영어를 듣는 것이 더 좋습니다."라고 말하고 있다.

부모에게도 아이와 함께 하는 10분이 가치 있는 소중한 시간으로 변한다. 하루 10분 놀이영어의 힘을 믿고 이제부터 아이와 함께 10분만 즐겁게 해 보자. 놀이영어는 내 아이의 영어 성공의 지름길이다. '하루 10분 놀이영어'는 누구나 할 수 있다.

02

놀이영어의 친구
'영어 그림책'

"한 권의 책을 읽은 사람은 두 권 읽은 사람의 지배를 받는다."

에이브러햄 링컨의 명언이다. 영어도 마찬가지다. 영어 그림책은 취학 전 어린아이들에게 가장 좋은 놀이 교재다. 영어 그림책은 아이의 사고력과 언어능력을 크게 향상시켜 준다. 동화책을 많이 접하고 즐겨 읽는 아이는 책 읽기 전에 먼저 관망하고 예측하는 능력이 생긴다. 영어 그림책을 친구나 장난감 삼아 놀게 되면 아이의 집중력이 향상되고 문제 해결 능력이 발달하게 된다.

영어는 단지 언어일 뿐이다. 영어에 대한 좋은 생각, 즐거운 기억을 갖게 된다면 자연스럽게 모국어처럼 말하기가 가능하다. 영어 그림책 읽어 주기는 일상생활에서 자연스럽게 영어 말하기와 듣기가 축적되어 영어가 즐거운 놀이가 되는 가장 좋은 방법이라고 할 수 있다.

모국어를 처음 배울 때를 떠올려 보면, 듣기-말하기-읽기-쓰기 순서대로 모국어 환경에 노출되었다. 그렇다면 영어 역시 먼저 해 줘야 할 것은 엄마의 목소리로 영어 그림책을 들려주는 것이다.

그림책은 아이들에게 많은 의미를 준다. 오히려 엄마들이 너무 영어를 학습으로 끌고 가게 된다면 역효과를 줄 수 있다. 아이에게 아무리 다양한 영어로 자극해도 아이가 좋아하는 것을 따라갈 수는 없다. 동화책을 많이 읽는 아이는 문자와 금세 친해져서 영어 읽기가 수월하다. 아이 수준에 맞는 쉽고 간단한 그림책으로 시작하는 것이다. 엄마의 무릎에서 영어 그림책을 읽어준다면 아이도 편안한 마음으로 엄마의 사랑을 느끼며 영어 그림책에 더욱 관심을 갖게 될 것이다. 옷을 잘 입으려면 첫 단추를 잘 끼워야 하듯이 놀이영어의 첫 단추는 영어 그림책이라는 사실을 잊지 말자.

다음은 유아기의 아이가 영어 그림책을 좋아하게 만드는 세 가지 비법이다.

첫째, 신나는 영어 동요나 챈트(chant)를 들으며 즐겁게 엄마와 함께 따라 부른다.

영어도 모국어처럼 듣기가 먼저여야 한다. 즐거운 놀이영어로 이끄는 훌륭한 시작은 동요가 최고다. 너무 많은 다양한 동요보다는 아이가 좋아하는 동요를 일주일에 한 곡 정도만 들려주며 따라 하는 것이 좋다.

동요는 영어교육의 보물창고라고 불리는 유튜브(YouTube)에서 검색하면 된다. 예를 들어 "Rain, Rain, Go Away"라는 동요를 찾고 싶다면 유튜브 검색창에 제목을 쓰고 검색하는 것이다. 찾고자 하는 수많은 노래와 영상을 찾을 수 있고, 해당 동영상을 무료로 시청할 수 있다. 엄마가 동요를 따라 하게 되면 아이도 어느새 엄마와 똑같이 동요를 부르게 된다.

둘째, 아이가 좋아하는 그림책을 주도적으로 선택하게 하여 하루 10분 몰입해서 읽어 주자.

요령은 아이에게 책을 읽어 줄 때 의성어와 의태어에 리듬을 실어 적극적으로 읽어 주는 것이다. 엄마가 망가져야 아이는 즐거워한다. 내 아이 앞에서 실컷 망가지며 최대한 오버해 보자.

셋째, 아이가 손쉽게 그림책을 잡을 수 있도록 집안 곳곳에 책 표지가 보이도록 진열하자.

아이의 책은 책장의 장식품이 아니다. 책은 아이가 손에 잡고 놀 수 있는 편안한 위치에 있어야 하며, 동시에 아이의 장난감이어야 한다.

다음은 아이들이 좋아하는 유아용 영어 그림책이다. 참고할
수 있도록 목록을 정리해 보았다. 이 책들은 온라인 서점이나 영
어 전문서점에서 손쉽게 구입할 수 있다.

- ▸ **Pop up book** _팝업 북
  입체감 있는 그림모형이 책을 펼치면 팝콘처럼 튀어나오는 책

- ▸ **Big book** _빅 북
  그림도 글씨도 큰 책

- ▸ **Touch and Feel book** _촉감 책
  다양한 소재로 아이들의 촉각을 자극하는 책

- ▸ **Flap book** _플랩 북
  나비처럼 책의 일부가 펄럭거리는 책

- ▸ **Bath book** _목욕 책
  물에 젖지 않는 방수 재질로 목욕하면서 볼 수 있도록 만든 책

- ▸ **Toy book** _토이 북
  책에 장난감이 있거나 장난감처럼 가지고 놀 수 있는 책

- ▸ **Sound book** _사운드 북
  다양한 음향 효과를 들을 수 있는 책

이처럼 다양한 책들이 있다. 아이에게 장난감보다는 아이가 좋
아하는 다양한 종류의 영어책을 구입해 보여 주는 것이 좋다. 결

국은 책이 장난감이 되어 다양한 환경에서 친구처럼 다가갈 수 있도록 꾸며 주는 것이다. 책을 장난감처럼 여기며 크는 아이가 되도록 만들어주자.

처음 영어 그림책을 보여 줄 때는 영어 한두 문장이 반복되는 책을 사는 게 좋다. 아이들은 쉬운 책을 좋아하며, 쉽고 반복되는 책은 더 좋아한다. 엄마의 목소리로 매일 그림책을 읽어 주면 언어 상호작용이 일어나 더욱 즐거운 시간이 될 수 있다. 다음은 아이와 함께 대화하면서 읽어주기 좋은 그림책을 정리한 것이다. 그림동화(Picture Book)의 단계별 종류는 다음과 같다.

1. 영아기의 Basic Concept Book

2. 유아기의 Nursery Rhyme, Song(마더구스) Book : 짧은 줄거리 구성을 가진 책으로 라임(Rhyme)이 살아 있다.

> "마더구스는 영미권 문학의 기본이 되는 이야기 구조이므로, 마더구스의 베이스가 있는 아이들은 다른 영어 그림책이나 동화를 접하게 될 때 그 기초가 되는 이야기를 이해하고 있기 때문에 마더구스의 배경이 확장되어 이야기를 문학적으로 이해할 수 있는 바탕이 생기게 됩니다. 하나를 읽고 하나를 답하는 그런 근시안적인 아웃풋보다는 다양하게 읽어서, 그중에서 자연스럽게 아웃풋이 발화되는 것이 좋기 때문에 마더구스를 추천하는 것입니다."라고 최혜림·김우선의 《엄마랑 아이랑 신나는 영어 놀이》에서 말하고 있다.

3. 알파벳 북(Alphabet Book) : 문자와 친해지게 한다.

4. 라임 북(Rhyme Book) : 대표적인 작가는 닥터 수스(Dr. Seuss Theodore Seuss Geisel)가 있다.

5. 스토리 북(Story Book) : 스토리의 뼈대가 있다.

> 스토리 북은 미리 사 두고 아이가 스토리 북과 친해지는 시간이 필요하다.
> 이런 단계를 거치면 커리큘럼을 체계적으로 만든 Readers 시리즈 북을 접하
> 게 해 주는 것이 요령이다.

아이들과 동화책을 읽고 난 후, 독후 활동으로 '미니 북' 만들기를 하면 좋다. 미니 북을 만드는 방법은 간단하다.

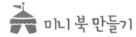 미니 북 만들기

> 1. A4 종이 한 장을 준비해 전체를 8등분으로 접는다.
> 2. 전체 종이를 세로로 이등분해서 반으로 접은 다음, 접힌 쪽에서 중심선을 가운데 선만 따라 자른다.
> 3. 전체 종이 모양이 십자가 되도록 접는다.

A4 종이 한 장만 있으면 아이가 읽었던 책의 내용을 간단히 적을 수 있는 미니 북이 완성된다. 미니 북 앞표지에 책 이름과 저자를 작성하고, 내용은 아이가 원하는 대로 쓰거나 그리면서

책의 내용을 정리하게 하면 된다.

최영원의 《영어 독서가 기적을 만든다》에서는 영어 독서의 장점을 이렇게 말한다.

"어릴 때부터 동화책에 많이 노출된 아이일수록 영어 표현력과 적재적소에 정확하게 어휘를 사용하는 능력, 창의력 등 언어적 감각이 뛰어나다는 사실을 어렵지 않게 발견하곤 한다. 왜 그럴까? 영어 동화책 속 문장을 이루는 모든 요소의 조합이 아이에게 생각보다 훨씬 큰 긍정적 시너지 효과를 주기 때문이다."

우리 아이에게 영어 그림책을 가장 좋아하는 친구로 만들려면 어떻게 해야 할까? 먼저 아이가 재밌어할 만한 영어 그림책을 만들어 주자. 그리고 영어 그림책 친구와 함께할 시간을 충분히 가질 수 있도록 여유 있게 시간을 비워 주자.

아이가 영어 그림책 친구와 제대로 놀고 있는지 자꾸 체크할 필요는 없다. 즐겁게 그림책과 놀고 있는데 자꾸 단어 확인이나 완벽한 영어 문장을 해석하길 요구한다면 그 순간부터 즐거운 놀이가 아닌 학습하는 공부시간이 되어 버린다.

보통 엄마들의 특징을 보면, 아이가 영어 동화책을 즐겁게 읽고 있을 때 아이가 책의 내용을 정확하게 이해하는지 확인하고 싶어서 자꾸 물어보려고 한다. 이는 금물이다. 아이가 즐거운 그림책과 노는 시간을 위해 참아 주자. 나는 가끔 아이와 함께 집 근처 도서관에 가서 책을 읽는다. 도서관에서 아이에게 책을 읽어 주겠다며 책을 골라오라고 하면 아이는 정말 말도 안 되는 글씨가 많은 두꺼운 책을 골라오거나 글씨 하나 없는 그림만 있는 책을 골라오는 경우가 있다. 엄마로서는 이해할 수 없어도 아이의 선택을 믿고 읽어 주자. 그때 아이의 눈은 더욱 반짝거린다.

아이가 책을 좋아하게 만들고 싶다면 엄마가 먼저 롤모델이 되어 주는 것이 중요하다. 엄마가 먼저 책을 펼쳐보고 재밌어하면 아이도 책을 좋아한다. 명심해야 할 것은 칭찬과 격려다. 아이가 영어 그림책과 친구가 되어 즐겁게 읽는 모습을 칭찬해 주자. 아이는 부모의 칭찬을 받으면서 자란다. 엄마의 칭찬과 격려는 아이가 자라면서 난이도 있는 어려운 영어책을 읽을 때 큰 힘이 된다.

03

우리 집은
영어 놀이터

아이들이 자아 성취감을 느끼고, 즐겁고 편안하게 활동하면서 동기유발이 되는 장소는 어디일까? 바로 아이들에게 가장 친숙한 장소인 집이다. 집이야말로 아이들이 가장 편안한 상태에서 영어를 들으며 반응하고 자유로운 놀이를 통해 습득할 수 있는 장소다.

집에서 놀이영어를 하면 영어에 대한 거부감보다는 정서적 안정감을 느끼면서 스스로 해 볼 수 있는 여러 가지를 경험하고, 그런 과정에서 아이들 스스로 갖고 있는 여러 재능을 발견하게 된다. 그리고 스스로 무엇이 하고 싶은지 잘 찾아간다. 집안이 창의적인 아이로 키울 수 있는 '최고의 놀이터'라는 것을 기억하자.

유수경의 《영어몰입교육, 11세에 끝내라》에서는 "영어몰입교육,

집에서부터 실천하라!"라고 강조한다. 영어교육전문가인 저자는 책에서 영어몰입교육의 성공방법에 대해 다음과 같이 설명하고 있다.

"가장 쉬운 방법은 성공사례를 찾아보고 따라 하는 것이다. 물론 7세인 아이에게 3세 때부터 영어를 시작한 아이를 따라 하라고 할 수는 없다. 그보다는 그들이 만든 성공 정신을 따라잡아야 한다. 첫째, 성공한 엄마들의 정신을 따라잡아라. 둘째, 각 연령에 맞는 다양한 콘텐츠contents로 몰입교육을 실천하라."

영어는 영어 환경에 많이 노출시키면 시킬수록 잘한다. 그렇다고 영어권 나라에서 살 수는 없으니 가장 좋은 방법은 우리 집을 영어권 환경으로 만드는 것이다. 영어유치원을 보내더라도 집에서 지속적으로 연계가 되지 않으면 실제로 큰 효과가 없다는 것을 이제는 많은 부모들도 잘 알고 있다. 영어유치원도 결국은 영어학원의 하나라는 것을 알아야 할 때다.

우리 집을 영어 환경으로 만들기 위해서는 어떻게 해야 할까? 영어유치원이나 영어놀이학교처럼 비싼 인테리어와 영문 소품으로 장식할 필요는 없다. 부모가 집에서 아이와 함께 영어로 된 재미있는 책을 읽고, DVD를 보면서 주변의 사물을 관찰하고 함께 이야기를 나누면 된다. 그렇게 자연스럽게 사물의 영어 단어부터 알려 주면서 호기심을 유발하는 것이 영어 환경을 만드는 기본이 된다.

미국이나 캐나다의 유치원에서는 아이들이 만든 작품을 전시한다. 천장에 주렁주렁 매달기도 하고 창문이나 벽에 온통 그달에 수업한 주제의 작품들을 걸어 놓는다. 얼핏 보면 정리가 안 되어 보이기도 하지만 아이들이 직접 만든 작품을 보면서 느끼는 성취감은 자신감을 높여 준다. 다른 작품을 만들 때도 더욱 집중해 잘 만들 수 있고, 완성하는 과정에 즐거움까지 느끼게 된다.

놀이영어를 진행할 때도 아이들이 만든 많은 작품이 나온다. 종이접기부터 클레이, 미술 활동 및 과학 활동까지 다양한 작품들을 아이들이 완성한다. 집에서 놀이영어를 할 수 있는 자료는 인터넷에서 손쉽게 구할 수 있다. 이를 부모가 집에 진열해 주고, 작품을 볼 때마다 칭찬해 준다면 아이의 성취감뿐만 아니라 영어 실력 또한 향상된다.

아이가 있는 집은 깨끗한 벽을 남겨 두면 안 된다고 생각한다. 아이가 즐겁고 열심히 그린 그림과 열정적으로 만든 작품을 전시해야 한다. 우리 집도 신혼 때는 북유럽 인테리어 스타일을 선호했다. 깨끗한 흰색의 벽과 실용성 좋은 가구 및 예쁜 소품을 전시했다. 하지만 아이가 태어나고 우리 집의 흰 벽은 물론 깨끗한 냉장고 디자인까지 없어져 버렸다. 아이가 좋아하는 그림 및 아이가 만든 작품들을 모두 붙여 놓았기 때문이다. 손님들이 집을 방문할 때 너무 산만해 민망하긴 하지만 자기의 작품을 볼 때마다 행복해하는 아이의 모습을 바라보면 그냥 붙여놓게 된다. 아이의 눈높이에 맞는 다양한 그림과 놀이영어를 진행하면서 만들었던 작품들을 붙여 놓게 되면 아이가 작품을 보면서 배웠던 영어 단어나 문장을 말하는 영어 환경이 만들어진다. 이렇게 우리 집을 영어 환경으로 만드는 것이 중요하다.

우리 아이는 집을 너무 좋아해서 '집돌이'라는 별명이 있다. "오늘 뭐 할까?" 하고 물으면 아이는 "집에서 블록으로 만들기 놀이하자!"라고 한다. 친구네 놀러 가자고 말하면 아이는 "우리 집에 친구가 놀러 오면 좋겠다!"라고 말할 정도로 집을 좋아한다. 집은 아이가 가장 편안한 상태에서 친숙한 놀이로 영어를 듣고, 반응하게 하는 귀중한 장소다. 집에서는 아이와 거실놀이, 주방놀이, 욕실놀이 등등 교구 없이 창의적으로 놀 수 있다.

어린이 영어교육 전문가 김미영의 《영어 잘하는 아이는 엄마가 만든다》에서는 부족한 영어 시간은 집에서 채우라고 강조한다.

"가끔 영어학원에 다닌 적이 없는데도 영어를 제법 알아듣고 말하는 아이를 보게 된다. 그 배경에는 집에서 힘닿는 데까지 영어를 가르친 부모가 있다. 그렇다고 그 부모들이 특별하게 영어를 잘하는 것도 아니다. 그들은 나름대로 이것저것 자료를 찾아보고 스스로 공부해가면서 정성껏 아이들을 지도한다. 부모가 영어를 잘해서 평소에 집에서 아이와 영어로 대화를 나눌 수 있다면야 더할 나위 없이 효과적일 것이다. 하지만 그렇게 못한다 해도 중학교 수준 정도의 영어를 읽고 쓸 줄 안다면 어느 부모나 아이의 영어 선생님이 될 수 있다."

집에서 하는 놀이는 돈이 드는 것이 아니다. 사랑과 시간만 있으면 아이가 항상 실컷 놀 수 있는 환경이 된다.

아래는 〈베스트베이비〉 육아 매거진에서 '집에서 즐기는 놀이' 기사를 본 뒤, 프린트해 거실 벽에 붙여 놓고 아이와 놀이할 때 참고한 내용이다. 엄마표 놀이영어를 진행하면서 함께 참고하면 좋은 놀이 팁이다.

1. 안전에 신경 쓴다

대부분 놀이는 거실에서 하는데 장난감 등 물건이 바닥에 놓여 있으면 자칫 사고로 이어질 수 있다. 놀이를 시작하기 전 혹시 걸려서 넘어질 만한 물건이나 미끄러질 만한 물건은 모두 치운다.

2. 계획을 세워 꾸준히 한다

날을 잡아 놀아 주는 것보다 평소에 틈틈이 자주 놀아 주는 것이 좋다. 특히 몸 놀이는 꾸준히 하는 것이 효과적이다. 일주일에 한 번보다는 구체적인 날짜와 시간을 정해 온 가족이 함께 운동하도록 하자.

3. 즐거운 마음으로 제대로 논다

신체활동은 즐겁게 해야 기분도 좋아지고 몸도 더 건강해진다. 아이는 부모의 움직임에 따라 반응하므로 부모가 놀아 주는 것이 수동적이면 아이 역시 놀이에 적극적으로 참여하지 않는다. 그러니 부모는 일부러 해 줘야 한다는 마음의 부담을 버리고 아이와 신나게 논다고 생각하자.

4. '놀이'라는 걸 잊지 말자

아이가 블록 놀이를 하고 있는데 옆에서 자꾸 간섭하고 참견하면 놀이에 싫증이 나기 마련이다. 마찬가지로 몸 놀이를 할 때도 무언가를 배운다는 것보다는 즐긴다는 것을 먼저 느끼게 해 주는 것이 기본이다.

5. 운동 강도는 적절히 조절한다

아이들은 연령별 신체 발달이 다르며, 같은 나이라고 해도 개인차가 심한 편이다. 3세 아이가 할 수 있는 것을 4세 아이가 못하는 경우도 있고, 7세 아이도 못하는 걸 4세 아이가 하는 경우도 있다. 그러니 아이의 신체 기능과 수준을 잘 파악해 적절하게 조절한다.

6. 아낌없이 칭찬해 주자

사람마다 타고난 신체조건이 다르고 경험에서도 차이가 나기 때문에 몸의 움직임이나 따라 수준이 다를 수밖에 없다. 엄마 아빠가 "이것도 못해?" 식으로 반응하면 아이는 더 이상 즐겁게 놀이할 수 없게 된다. 부모가 일방적으로 끌고 가지 말고 아이와 교감하며 아낌없는 칭찬과 격려를 해 주어야 한다.

위의 6가지 팁은 아이와 집에서 놀이할 때 많은 도움이 된다. 집에서 하는 자유로운 놀이영어를 통해 배우는 영어 표현은 셀 수 없이 많다. 놀이에 익숙한 아이들은 점차 아이 스스로 원해서 영어를 사용하게 된다. 또한 집에서 아이와 엄마 아빠가 하는 놀이는 정서적으로 안정되고 창의적인 생각과 배우는 즐거움을 알게 해 준다.

아이들의 두뇌는 학습보다 놀이를 더 좋아한다. 사교육 1번지라고 불리는 강남에서는 이미 창의력 놀이가 대세다. 집에서 놀이를 하다 보면 아이의 영어 실력은 물론 창의력과 정서 발달, 문제 해결력이 향상되는 것을 느낄 것이다. 우리 집이 아이가 자유롭고 스스로 할 수 있는 최고의 영어 놀이터라는 사실을 잊지 말자.

04
말문이 터지는
놀이영어

영어는 눈이 아니라 입으로 하는 것이다. 우리나라 대부분의 초중고 학생들은 영어를 눈으로 공부하는 습관이 있다. 가장 잘못된 영어 습관은 바로 눈으로 학습하는 것이다. 눈으로 영어를 공부하게 되면 머릿속에서만 맴돌고, 말하려고 하면 막상 무슨 말을 해야 할지 영어로 떠오르지 않아 표현하기 힘들다. 어렵게 말하려고 해도 머릿속에서 생각하고 말하는 영어와 입에서 나오는 영어가 따로 놀아 더욱 헷갈리게 된다.

엄마표 놀이영어를 진행하는 아이들의 특징은 말문이 일찍 터진다는 점이다. 놀이 활동을 하면서 엄마가 영어로 묻는 말에 자연스럽게 영어로 대답하게 되는데, 이를 통해 아이가 아는 영어가 자연스럽게 나오게 된다.

눈으로 읽기만 하고 손으로 쓰기만 해서는 영어 말문이 터지지 않는다. '세 살 적 버릇이 여든까지 간다'는 속담이 있다. 어릴 때부터 나쁜 버릇이 들지 않도록 잘 가르쳐야 한다는 뜻이다. 눈으로 영어공부를 하는 습관을 어릴 적부터 잡아 주지 않으면, 눈과 글로만 배운 영어를 아이에게까지 물려주게 될 것이다.

어릴수록 입으로 말하는 영어 습관을 잡아 주자. 부모가 먼저 큰 소리로 말하면서 영어를 습득할 수 있도록 도와줘야 한다. 아이가 영어를 입으로 하게 되면 고쳐야 할 부분이 어떤 점인지 본인 스스로 알게 될 뿐만 아니라, 발음하기 어려운 영어단어도 어렵지 않게 들을 수 있다.

언어는 듣는 동시에 말할 수 있다. 하지만 입으로 말로 하지 않는 영어는 말하기를 비롯한 듣기도 되지 않는다. 영어는 소리언어이며 언어는 입을 통해 말하는 것이다. 그래서 영어를 많이 듣고 많이 말하면 영어는 잘하게 되어 있다. 놀이영어는 처음부터 아이가 입으로 말하는 습관을 길러준다. 또한, 엄마와 즐겁게 큰 소리로 말하면 영어에 대한 자신감도 말문도 터진다.

아이들과 영어 수업을 하면서 아이들이 빨리 말문을 틔게 했던 게임이 있다. 대표적으로 두 가지 게임을 소개해 두었다. 아이와 함께 즐겁게 게임을 해 보면서 아이가 영어로 말하는 것을 즐겁게 받아들일 수 있도록 해 보자.

1. 스피드 퀴즈(Speed Quiz)

정해진 시간 안에 몇 개의 동작 동사를 표현할 수 있을지 알아맞히는 게임이다. 먼저 동작 동사를 써넣은 5~10장의 카드를 만든다. 그 카드에 쓰인 동사를 엄마는 몸동작으로 보여 주고, 아이는 그 동작이 어떤 것인지 알아맞히게 한다.

2. 카드 빨리 집기 놀이

단어가 적힌 카드를 바닥에 이리저리 흩어 놓고 엄마가 말하는 단어를 빨리 찾아내거나 자신이 아는 단어를 재빨리 말하고 집어내는 놀이다.

현재 엄마들을 포함한 성인을 대상으로 진행하는 〈말문이 터지는 영어회화〉 강의는 초·중·고급반 과정 수업이 있다. 영어수업 레벨은 철저하게 스피킹 위주로 레벨테스트를 진행하고 테스트 결과에 따라 반이 배정된다.

알파벳 파닉스 발음부터 다시 시작하는 기초반은 누구나 희망하면 들어갈 수 있지만, 결코 쉽고 만만한 기초반은 아니다. 기초반에 들어갔던 한 수강생은 영어의 '영' 자만 들어도 쥐구멍으로 들어가고 싶다고 할 정도로 학창 시절에 영어 때문에 늘 스트레스받고 힘들었다고 했다. 그랬던 수강생이 기초반을 들어가서 제대로 영어를 배운 지 불과 3개월 만에 아이에게 영어 그림책을 읽어 주며 일상생활에서 영어로 말할 수 있게 되었다. 처음 영어 수업을 하던 날 엄마의 눈빛에서 영어에 대한 두려움을 느낄 수 있었지만, 현재 두려움의 눈빛은 전혀 찾아볼 수 없다.

스피킹 테스트를 진행하다 보면 토플이나 토익 고득점자인데도 영어로 말 한마디 하는 것을 힘들어하는 수강생이 많다. 또한, 미국이나 영국으로 해외유학이나 어학연수를 다녀와도 제대로 영어 말하기를 어려워하는 수강생도 많이 만났다.

영어 말하기 테스트에서는 발음을 비롯해 문법, 어휘, 시제 등 영어를 구사하는 전반적인 모든 것을 알 수 있다. 〈말문이 터지는 영어회화〉 강의는 눈과 글이 아닌 큰 소리로 말하는 영어 수업이다. 정확한 영어 발음으로 단어나 짧은 문장을 큰 소리로 말하는 연습을 시작하면서 이미 머릿속에 담긴 수많은 영어 지식이 정리되는 효과를 볼 수 있다.

많은 엄마들이 말한다.

"엄마가 먼저 입으로 소리 내어 일상대화를 영어로 말하니까 아이들도 영어책을 소리 내어 읽거나 일상에서 자연스럽게 영어로 말하는 것이 가능해졌다."

영어는 자신이 아는 만큼 들린다. 무조건 많이 듣기만 한다고 영어가 잘 들리거나 말할 수 있는 것이 아니다. 아무리 집중해서 영어 듣기를 많이 해도 잘 들리지 않는 것은 듣기 훈련 시간이 부족한 것이 아니라 영어를 입으로 말하는 기간이 짧았기 때문이고, 잘 모르기 때문에 들리지 않는 것이다. 영어 듣기 실력을 향상시키고 싶다면 영어를 큰 소리로 말하는 연습을 하자.

영어 말하기의 궁극적인 목적은 유창한 영어 발음이 아니라 원어민과 대화하기 위함이다. 독해나 듣기보다 스피킹은 단기간에 실력이 오르지 않는다. 천천히 오랜 시간 동안 노력하지 않으면 쉬운 영어표현도 입 밖으로 나오지 않는다.

박현영의 《박현영의 슈퍼맘 잉글리시》에서는 엄마의 역할은 아이의 말하기 습관을 길러 주는 것임을 강조하며 이렇게 말하고 있다.

"말하기는 결국 평소의 오랜 '훈련'인데, 그건 습관을 통해 가능하다. 입을 쫙쫙 벌리고 큰 소리로 말하는 훈련이 습관이 되게끔 힘을 키워 주는 게 어릴 적부터 엄마의 역할일 것이다.

말을 잘할 수 있는 습관을 들여 주는 건 엄마가 줄 수 있는 인생 최고의 선물이다. 열세 살 때까지는 어떤 엄마라도 큰돈 들이지 않아도 해 줄 수가 있다. 말이라는 게 지금 당장 성과가 나오는 건 아니지만, 가랑비에 옷 젖듯이 한 단어 한 단어씩 습관을 들이다 보면 어느 날 깜짝 놀랄 만큼 말문이 터지게 될 것이다."

아이들이 큰 소리로 영어를 말하면 가장 좋은 점은 바로 자신감이 생긴다는 것이다. 영어로 말하고 표현하면서 자신감이 생기게 되고, 유창하게 표현할 수 있으며 점차 아이가 자신의 생각을 영어로 자유롭게 말할 수 있게 되는 효과가 있다.

일단 아이가 영어로 꾸준히 말할 수 있는 환경을 만들어 주는 것이 가장 중요하다. 아이들은 정보를 충분히 입력한 후 정보가 넘치기 시작할 때 비로소 영어가 밖으로 나온다. 말하기의 제1원칙은 따라 말하기다. 원어민이나 엄마가 부르는 동요나 챈트를 따라 하게 하자. 영어로 꾸준히 말하게 하는 연습을 하도록 도와주어야 한다.

말은 말로 배우는 것이다. 말문이 터지는 것은 단기간에 이루어지는 것이 아니다. 아이가 조금씩 영어를 입으로 소리 내어 말로 하는 습관이 쌓이면 자연스럽게 말문이 터지는 것이다. 말문이 터지려면 영어로 말하는 연습이 필요하다는 것을 기억하자.

05

아이 중심의
놀이영어를 하라

　　놀이영어의 중심에는 아이가 있어야 한다. 세계 최고의 교육 강국 핀란드의 유치원 아이들은 영어를 오직 놀이로 배운다. 아이들만의 방식으로 자연에서 자유롭게 뛰어놀면서 책임감과 집중력도 배운다. 부모의 기준으로 놀이를 선택하는 것이 아닌 아이가 무슨 놀이를 할지 스스로 결정하고 부모는 놀이가 자연스럽게 전개되도록 도와주는 철저한 아이 중심의 놀이를 한다.

　　자신의 의사가 자유롭고 분명한 미국 아이들 역시 놀이교육에서부터 시작한다. 엄마들은 과장된 표현과 액션으로 아이가 놀이에 집중하게 되어 흥미를 끌어올린다. 미국에서는 어린이집에 다니는 아이들도 어떤 놀이가 하고 싶은지, 아이가 원하는 게 무엇인지 정확한 표현이 가능하도록 아이 중심의 놀이교육을 한다.

　　핀란드와 미국 교육의 공통점은 무엇일까? 바로 놀이로 시작하면서 철저히 아이의 의견이 반영된 놀이를 선택한다는 것이다. 영어 칼럼니스트로 활동 중인 변경숙 저자는 《보통 엄마 초간단 영어공부》에서 "가장 중요한 것은 아이가 중심인 놀이로 진행하는 것"이라고 말하며, "아이가 중심인 영어놀이는 '아이들이 좋아하는 놀이는 무엇이 있을까?'에 대한 고민에서 시작됩니다. (중략) 아이의 취향에 맞춘 이러한 영어놀이는 소정의 학습 목적을 띤 주제별(계절, 신체, 과학, 수학) 영어놀이에 앞서 영어로 진행하는 일련의 놀이에 대한 친숙함과 호감을 불러일으키게 해 주어야 합니다."라고 했다.

부모들은 흔히, 엄마 아빠가 아이와 함께 보내는 시간을 아이와 놀아 주는 시간이라고 착각한다. 하지만 단순히 아이와 함께 시간을 보낸다고 해서 다 놀이시간이 아니다. 놀이시간은 부모의 중심이 아닌, 철저한 아이 중심의 놀이시간을 말한다. 놀이시간의 중심이 누구인지 판단하는 방법이 있다. 아이와 함께하는 시간에 부모가 "지금 무슨 놀이 하는지 말해 주겠니?", "파란색은 영어로 뭐지?", "꽃은 영어로 뭐야?" 등등 잠깐의 침묵을 견디지 못하고 아이에게 질문을 쏟아내고 있다면, 이는 부모 중심의 놀이시간이다.

엄마 아빠 위주의 놀이영어 시간은 영어에 대한 집중력도 떨어지며 흥미도 재미도 떨어진다는 것을 기억하자. 철저한 아이 중심의 놀이영어는 우리 아이의 영어 수준과 관심사에 눈높이를 맞춰야 한다. 아이가 선택한 놀이를 존중해 주며 아이가 좋아하는 분야와 현재 많은 관심을 두는 것을 파악해야 한다. 아이가 노는 행동을 모방하면서 아이가 마음의 문을 열어 줄 때까지 서두르지 말아야 한다.

나는 문화센터에서 유치원과 초등학교 저학년을 대상으로 영어동화 수업 〈클레이 잉글리시〉를 진행한다. 이 수업은 파닉스를 노래와 다양한 그림으로 즐겁게 배우는 시간이다. 매달 관련된 주제의 노래와 영어 동화책을 읽고 주인공이나 다른 캐릭터를 클레이(고무찰흙)로 만들어 본다. 클레이 잉글리시 수업이 있는 날 아이들은 "놀이영어 하는 날!"이라고 하면서 즐거운 표정으로 수업에 참여한다.

클레이의 원조는 물과 흙이라는 자연물로 구성된 '찰흙'이다. 요즘은 다양한 색상과 감촉의 고무 클레이로 대체되었지만, 아이들이 직접 만지고 만드는 활동을 통해 자기 주도성과 창조성이 향상된다. 미국이나 캐나다에서도 클레이로 놀면서 배우는 방식을 활용하고 있다.

아이들이 클레이로 알파벳을 직접 만들어 보고 알파벳 음가를 소리 내며 파닉스를 배우기 때문에 알파벳과 문자를 좋아하며 영어 문장이나 책을 쉽게 읽는다. 즐겁게 동화책을 읽어 주고, 책에서 나왔던 캐릭터 중 자기가 좋아하는 캐릭터를 만들어 보자고 한다. 그럼 아이들은 주인공 캐릭터보다는 생각지도 못했던 캐릭터들을 만들곤 한다. 작품을 다 만든 아이는 앞에 나와서 아이들에게 설명해 주는 시간을 갖는다. 그때 아이들의 다양한 생각과 왜 그 캐릭터가 좋았는지에 대한 이유를 듣게 되면 상상력의 풍부함에 놀라게 된다.

아이들은 시간이 부족할 만큼 자신이 좋아하는 캐릭터를 만드는 작업에 몰두한다. 아이들은 생각의 주체가 되어 만드는 시간을 점차 반복적으로 하게 되면서 영어를 우리말처럼 배울 수 있는 환경과 자연스러운 놀이 시간을 갖게 된다.

클레이 영어동화 수업은 90% 정도 영어로 진행된다. 엄마들은 "아이가 영어로 수업이 진행되는데 괜찮을까요?"라고 우려하는데 아이들은 엄마들의 생각보다 충분히 이해를 잘하며 굉장히 즐거워한다. 클레이 잉글리시 수업은 아이들이 주체가 되고 선생님은 옆에서 보조 역할을 하기 때문에 엄마들의 걱정과는 달리 아이들은 자신감 있게 발표도 잘하고 질문도 많이 하고 수업에 적극적으로 참여한다. 클레이 영어동화 수업은 항상 인기가 많아 출석률이 높은 강좌다. 이처럼 다양한 교구 말고도 아이가 중심이 되는 놀이는 다양하다.

영국 제일의 언어치료 전문가 샐리 워드 박사는 《베이비토크》에서 "아이가 가장 잘 배우는 경우는 아이가 선택한 대상에 어른이 맞춰 줄 때이기 때문이다."라고 했으며, 독일의 교육가이며 유치원의 창시자 프뢰벨은 "놀이야말로 아이가 내적 힘을 발현시키는 완벽한 수단이다."라고 말했다.

진짜 놀이는 아이가 중심에 있는 놀이다. 놀이전문가들은 "아이 스스로 주도성을 잃은 놀이는 더 이상 놀이가 아니다."라고 조언한다. 아이의 세계에 들어가서 아이의 눈높이에 눈을 맞추고 행동을 그대로 모방하면서 아이의 시선을 함께 따라가며 관심과 흥밋거리에 동참해 보자. 하루 10분씩 꾸준히 함께 해 주는 것만으로도 자기 주도적이고 자존감 높은 아이로 성장할 것이다.

06

아이는 놀이를 통해
영어를 배운다

아이는 놀이를 통해 마음껏 놀면서 세상을 배우고 언어를 비롯한 사회성을 익힌다. 그래서 아이에게 영어를 좋아하게 만들기 위해서는 아이가 좋아하는 놀이를 통해 영어를 접하게 해 주는 방법이 가장 효과적이다.

책을 좋아하는 아이는 책을 통해서 영어를 접하게 해 주고, 블록을 좋아하는 아이는 같이 블록을 하며 영어로 자연스럽게 대화를 하고, 활동적인 아이는 놀이터에서 가서 영어를 접하게 해 주면 된다. 아이가 무의식적으로 영어를 모국어처럼 받아들일 수 있게 하려면 영어를 놀이 그 자체로 만들어 주면 된다.

영어유치원에 적응을 못해서 그만두거나 엄마가 영어로 말하면 도망가는 등 영어를 거부하는 아이들이 영어 때문에 받은 상처를 놀이를 통해서 치유하기도 한다.

놀이영어 수업을 진행했던 아이 중에 4세 여자아이가 있었다. 언어적 감각이 뛰어난 아이의 엄마는 아이가 태어나자마자 좋은 책을 구입해 책 육아를 시작했다. 덕분에 아이는 남들보다 모든 지능이 뛰어나다는 소리를 들었다.

엄마는 아이에게 여러 출판사의 영어 전집을 사서 읽어 주고 싶었으나, 영어에 대한 자신감이 없어서 영어 전집을 구입한 회사에서 운영하는 방문수업을 진행했다. 엄마의 기대와는 달리 영어수업이 진행될수록 아이는 점점 더 영어를 싫어하게 되었다. 엄마가 영어책을 읽어 주겠다고 책을 가져 오라고 하면, 아이는 영어책이 싫다고 집어 던지기도 했다. 엄마가 영어로 말하면 손으로 엄마 입을 막는 등 심하게 영어를 거부하던 아이였다. 엄마의 고민이 깊어질 즈음 나와 연락이 닿았다.

나는 아이를 만나기 위해 직접 찾아갔고, 아이가 좋아하는 놀이를 하면서 실컷 놀았다. 놀이를 하면서 많이 친해지게 되자 아이가 왜 영어를 싫어하게 되었는지 궁금했다. 몇 번의 방문 끝에 이유를 알게 되었다. 아이는 엄마의 말처럼 영어를 아주 싫어하지 않았다. 학습지 영어 선생님이 오시고 수업하는 날에만 유독 영어를 싫어했다. 영어는 즐겁게 해도 쉽지 않은데 4세 아이가 영어 방문 선생님과 영어 학습을 하고 있으니 당연히 싫을 수밖에 없었다.

아이가 영어를 힘들어하는 또 다른 이유는 바로 너무 많은 선생님들이 아이 교육을 위해 집에 방문한다는 것이었다. 가베 선생님, 책 읽어 주는 선생님, 영어 선생님, 다중교육 선생님 등등 하루 일과가 꽉 찰 정도로 다양한 선생님이 방문해 수업을 하고 있었다. 그러니 아이는 당연히 영어가 싫을 수밖에 없었다.

나는 아이 엄마에게 사실 그대로 솔직하게 말해 주었다.

"지금 아이는 방문수업이 아니라 센터에서 수업하는 것이 좋겠습니다. 센터로 오게 된다면 아이와 그냥 영어로 신나게 놀 거구요. 영어 거부증이 사라지면 그다음부터 즐겁게 놀면서 영어 인풋이 들어가게 됩니다. 그리고 아이가 즐거워하지 않는 방문수업은 하지 않았으면 합니다."

아이의 엄마는 내 의견을 수렴하지 않았다. 그로부터 1년 뒤 나에게 다시 연락이 왔다. 아이의 영어 거부증은 심해져서 다른 수업도 많이 줄였다고 했다. 내가 말한 놀이 식의 영어 수업에 찬성하며 아이를 부탁한다고 말했다.

아이가 센터에 다닌 후 나는 철저히 놀이 식으로 즐겁게 진행했다. 수업을 할수록 아이의 영어 거부증은 사라져갔고, 불과 2개월 만에 아이는 영어 수업을 즐거워하게 되었다. 엄마에게 "아이가 영어책을 읽어 달라고 하는 날 가슴이 울컥했다."라는 이야기를 듣게 되었을 때 나는 아이들에게 놀이영어가 얼마나 중요한지 다시 한번 느끼게 되었다.

현재 그 아이는 유명한 귀국학생전문 영어유치원에서 원어민 선생님들의 칭찬을 들으면서 잘 다니고 있다. 영어를 심하게 거부했기 때문에 영어유치원은 꿈도 못 꾸었던 엄마는 아이가 영어유치원에 잘 적응하고 다니게 된 것은 다 놀이영어 덕분이라며 나에게 고마움을 전했다.

아이의 영어 상처를 치유해 주고, 다시 자신감을 심어 준 것은 다 놀이영어의 힘이다. 잘 노는 아이는 다른 친구들의 마음을 잘 이해하고 말귀도 잘 알아듣는다. 영어놀이든 그냥 놀이든 놀이의 본질은 아이의 상상력을 필요로 하기 때문에 아이 스스로 돌이켜보면서 본인이 좋아하고 잘하는 점이 무엇인지 알게 된다.

잘 노는 아이들은 모두 행복하다. 간단하면서 엄청난 잠재력을 가진 놀이의 힘을 영어와 함께한다면 아이는 '놀이의 힘'을 통해서 영어를 배울 수 있다. 아이가 편안한 마음으로 놀이영어를 할 수 있는 자유로운 분위기와 다양한 경험을 할 수 있는 환경을 조성해 주자.

다음은 놀이영어를 할 때 중요한 세 가지다. 첫째, 아이가 재미있어하는가. 둘째, 쉬워하는가. 마지막으로 행복해하는가. 아이가 놀이영어를 할 때 꼭 이 세 가지만은 기억하자.

모국어를 잘하는 아이가
영어도 잘한다

영어를 잘하는 아이들에게는 공통점이 있다. 바로 뛰어난 모국어 구사 능력이다. 즉 한국말을 잘하는 아이가 영어도 잘한다는 뜻이다. 요즘 대한민국 영어 조기교육 열풍이 뜨겁다. 영어도 중요하나 더 중요한 점은 바로 모국어 교육이다.

나도 아이들을 가르치면서 국어를 잘하는 아이가 영어도 잘한다는 것을 많이 느꼈다. 풍부한 모국어 어휘를 구사하고 잘 읽고 잘 쓰는 아이는 확실히 영어도 빨리 늘었다. 생각해 보면 모국어로도 이해가 가지 않는 내용을 외국어인 영어로 이해하려면 영어가 더 하기 싫어질 수밖에 없다.

모국어를 잘하는 아이라고 해서 모두가 영어를 잘하는 것은 아니지만, 영어를 잘하는 아이의 대부분이 한국어를 잘한다는 것은 맞는 것 같다. 영어를 일찍 시작한 아이도 영어 실력이 모국어 수준 이상으로 잘하기 힘들다. 모국어가 완전히 자리 잡아야 그것에 기반을 두고 외국어인 영어도 늘 수 있다.

다나카 이즈미의 《영어 잘하는 아이로 키우는 비결》에서는 다음과 같이 말하고 있다.

"나는 지금처럼 '모국어로 아이와의 유대감을 탄탄하게 다져서 좋은 모자관계를 구축한 다음, 조금씩 시간을 정해 아이와 함께 영어를 하자'는 것을 영어학습의 기본 방침으로 삼았다."

이처럼 가장 먼저 자연스럽게 모국어부터 확실히 해야 한다고 말하고 있다.

이중 언어교육의 권위자인 언어학자 짐 커민스는 "외국어 능력은 모국어 능력을 바탕으로 한다. 모국어로 받은 교육의 바탕이 넓으면 넓을수록 영어교육의 성공도 크다."라고 말한 바 있다. 탄탄한 모국어 기반은 아이들의 심리적 안정과 배경지식의 바탕이 되기 때문이다. 모국어는 일상생활에서 가족들이나 주변 사람들이 매일 말하고 듣는 언어다. 모국어의 기반이 없다면 외국어인 영어 또한 자연스럽게 확장하기 어렵다.

친언니가 20여 년 전에 아이들을 데리고 미국으로 이민을 갔다. 미국 이민자인 언니와 형부는 자녀들의 빠른 영어 학습을 돕고자 집에서도 영어로만 대화하려고 했다. 아이들이 초등학교에 다닐 때 담임교사와 학부모 정규 개인 면담을 하게 되었다고 한다. 그때 언니는 아이들의 영어가 빨리 늘길 바라는 마음으로 집에서도 영어로 대화하려고 노력하고 있다고 말했다. 언니의 말에 담임교사는 "모국어를 사용하지 않게 되면 민족 정체성을 잊을 수도 있고, 또한 집에서는 영어의 서툰 대화보다는 가족이 깊이 있게 대화할 수 있도록 모국어로 대화해 달라."는 이야기를 듣고 왔다고 했다. 그 후부터 집에서 영어보다 모국어로 깊은 대화를 하면서 아이들과 진솔한 이야기를 하는 시간을 많이 갖게 되었다고 한다.

모국어는 자유롭고 적극적인 대화 및 의사소통의 기회를 제공한다. '최고의 영화번역가'라는 닉네임이 붙은 이미도 번역가는 〈시사저널〉 인터뷰에서 영어보다 우리말을 더 잘해야 한다는 의미를 다음과 같이 구체적으로 설명했다.

"주변에 영어 잘하는 사람은 많다. 특히 영어를 모국어로 사용하는 사람들은 나보다 월등히 잘한다. 그러나 우리말을 모른다면 무슨 소용이 있나. 기업이 영어 잘하는 사람이 필요하다고 해서 미국인을 고용하는가. 영어는 물론 우리말을 잘하는 사람을 찾는다. 영어의 가치는 우리말을 잘해야 그 빛을 발한다."

우리 아이가 영어만 잘하는 사람이 아닌, 영어도 잘하는 아이로 자라길 원한다면 영어보다는 우선 모국어를 잘 챙겨야 한다. 그렇다면 어떻게 모국어의 배경지식을 많이 쌓을 수 있을까? 바로 풍부한 독서다. 외국어를 잘하기 위해서는 먼저 우리말 감각을 더욱 풍성하게 익혀야 한다.

어릴 때부터 한글책을 많이 접한 아이는 언어 감각이 발달하며 특히 보통 아이들보다 어휘력이 우수하다. 학년이 올라갈수록 다양한 어휘와 문장을 접하게 되는데 책을 즐겨 읽는 아이는 복잡하고 긴 지문의 내용을 쉽게 파악한다. 독서는 영어공부와 시너지 효과를 내며, 우리말로 생각과 표현을 자유롭게 구사할 수 있게 한다.

'아트잉글리쉬' 교수법을 개발한 정부연 작가의 《엄마가 쉽게 가르치는 유아영어》에서는 모국어의 중요성을 다음과 같이 말하고 있다.

"부모들이 가장 먼저 갖추어야 하는 것은 유창한 영어 실력이 아니라 제2언어의 잠재력의 근간이 되는 모국어를 먼저 발달시키는 것이다."

모국어를 자신 있게 잘하는 아이가 영어도 잘한다는 것을 기억해야 한다. 영어는 마라톤과 같다. 오래 달릴 수 있도록 계획을 세우고 중간에 힘들고 지칠 때 포기하지 않고 꾸준히 갈 수 있도록 다독여 주는 것이 부모의 역할이다. 모국어는 일상생활의 모든 부분에서 개념과 의미를 배우는 데 꼭 필요한 수단이며, 영어는 모국어의 개념을 영어로 배워서 표현하는 언어임을 잊지 말자.

잘 놀아야
영어도 잘한다

학창 시절을 가만히 생각해 보면 잘 노는 친구들이 공부도 잘했다. 교육전문가들은 '잘 노는' 아이가 적극적이고 공부도 잘한다고 말한다. 그럼 즐겁게 영어로 놀면 영어도 잘할까? 당연히 영어도 잘한다. 아이의 놀이는 배울 기회로 가득 차 있다. 학원에 다녀서 배우는 영어보다 놀면서 배우는 기회가 더욱 많으며 아이도 즐거운 마음으로 더 많이 배울 수 있다.

놀이는 아이의 모든 것에 영향을 준다. 전체적으로는 아이의 성장에 영향을 미치고, 상상하는 것, 배우는 모든 것과 관계가 있으며 사회성을 키우는 데도 꼭 필요하다. 놀이를 통해 아이들은 소통과 합의를 배운다. 끝이 보이지 않는 경쟁에 아이가 다른 아이들보다 뒤처질까 봐, 부모의 등에 떠밀려 주입식의 학습지를 풀거나 다양한 학원에 다니는 요즘 아이들에게 '놀기'는 생각하기도 힘들게 되어 버렸다. 안타까운 현실이다. 지금이라도 아이가 놀 수 있는 권리를 빼앗지 말아야 한다. 아이가 스스로 선택해서 '잘 노는 것'이 중요한 이유는 크게 두 가지가 있다.

첫째, 잘 놀면서 행복함을 느낀다

아이가 스스로 선택한 놀이를 통해 자신을 잘 파악하고 객관화해 아이가 좋아하고 잘하는 일을 스스로 알 수 있다.

둘째, 놀이를 하면서 타인을 배려하는 마음을 키운다

놀이를 통해 아이는 스스로 감정을 조절하고 친구들을 이해하려는 능력을 키우며 협력과 주의집중력이 높아진다. 이뿐만 아니라 배려와 매너를 배운 아이는 인기가 많은 아이로 자라게 된다. 잘 놀지 못하는 아이들은 타인을 배려할 줄 모르며 양보와 타협이 부족해지기도 한다.

《플레이, 즐거움의 발견》의 저자인 스튜어트 브라운은 아이의 사회성 발달에 놀이가 정말 중요한 역할을 한다고 주장한다. 아이들은 놀이를 통해 사회성을 연습하고 많은 시도를 하게 된다. 단체 활동을 하는 법, 공감 능력 향상 및 타인과 타협하는 법을 배우고 익히게 된다. 잘 노는 것은 아이가 세상에 나갈 수 있도록 몸과 마음을 준비해 나가는 꼭 필요한 과정이다.

EBS 〈세계의 교육현장-잘 놀아야 공부도 잘한다! 핀란드의 유치원 교육〉 편에서는 핀란드의 놀이교육 현장이 방영됐다. 세계 최고의 교육 경쟁력을 자랑하는 핀란드의 유아교육은 철저히 어린이 중심이다.

어린이 눈높이에서 아이들이 좋아하고 즐거워하는 놀이를 바탕으로 교육이 이루어진다. 정해진 놀이방법이 없다는 점이 특징이며, 자연이 주는 놀이도구로 다양한 상상의 나래를 펼칠 수 있도록 놀이를 통해 아이들에게 적절한 자극을 준다.

교과서로 재미없게 배우는 것보다는 즐겁게 배우며 사는 것이 재미있다는 걸 보여 주기 위해 시장이나 야외에서 직접 체험해 보는 수업을 한다. 재미있게 세상을 봐야 한다는 핀란드인의 교육방식을 엿볼 수 있다.

놀이중심의 교육은 아이들이 자신만의 방식대로 해 보며 집중하는 데 도움이 된다. 그렇다면 아이가 잘 노는 방법은 무엇일까? 바로 집중력에 있는데 집중력이 좋은 아이가 있는 반면 그렇지 않은 아이도 있다.

핀란드에서는 다양한 연구개발을 통해서 알아낸 집중력 향상의 방법을 아래와 같이 말하고 있다.

1. 작은 그룹으로 나눠라
2. 놀이처럼 공부하게 하라

3. 다른 일을 시킴으로써 잠시 쉴 수 있게 하라

4. 때로는 스킨십이 중요하다

5. 스스로 배우고 해결하게 하라

6. 직접 행동하게 하라

"집중력이 향상되면 아이들이 적극적으로 배우려 하고 매일 아침 교육기관에 가는 시간을 기다리게 되면 아이들 스스로 행복한 아이라고 느끼게 된다."라는 인터뷰를 보면서 왜 핀란드가 놀이교육을 지향하는지 알 수 있었다.

《책을 읽는 사람만이 손에 넣는 것》의 저자 후지하라 가즈히로는 "아이가 열 살까지 얼마나 실컷 놀았느냐에 따라 아이의 상상력이 좌우된다."라고 말한다. 놀이를 통해 영어를 학습하면 즐거움이 배가 된다는 사실을 놀이영어를 통해 자연스럽게 알게 된다. 아이들은 놀이 활동을 하면서 다양한 환경에서 발생하는 갈등 상황에 대한 문제 해결 능력과 다른 사람의 감정을 이해하는 대인 관계, 신체적, 사회적 및 언어적인 발달을 함께 이룬다. 얼마나 놀이를 집중하고 즐겁게 잘 노느냐에 따라 영어를 잘하게 되는 것은 당연한 결과다. 잘 노는 아이는 영어도 잘한다. 우리 아이가 즐겁게 영어를 하기 위해서는 아이와 잘 놀아 줘야 한다는 것을 기억하자.

09

일상대화가
영어로 되는 놀이영어

　일상에서 우리는 늘 영어를 접하고 있다. TV나 영화 광고, 만화영화, 노래 제목, 게임, 심지어 우리가 먹는 식품의 이름에도 영어가 쓰여 있다. 조금만 생각을 다르게 하면 우리는 영어를 습득할 수 있는 좋은 환경에서 살아가고 있다.

　내가 가장 듣기 좋아하는 말이 있다. 바로 "아이와 영어로 일상생활에서 놀이를 시작하려면 어떻게 해야 하나요?"라는 질문이다. 엄마가 '아이에게 영어를 어떻게 시작할까?'라는 생각을 한다는 것은 아이의 영어에 관심이 생겼다는 의미이며, 엄마표 놀이영어의 시작을 알리는 것이기 때문이다. 엄마가 일상생활에서 자주 쓰는 영어 한마디가 아이의 영어 말문을 터지게 한다. "우리 무슨 놀이 할까?"라는 말을 영어로 "What should we play?"라고 말해준다면 아이는 영어를 공부가 아닌 일상으로 받아들이기 시작한다.

아이가 일상대화를 영어로 하기 위해서는 좋아하는 놀이에 몰입해 있을 때 아이에게 자연스럽게 한마디 한마디씩 시작해 영어에 점점 익숙해지도록 하는 것이다. 평소에 영어로 말 한마디 하지 않던 엄마가 갑자기 영어로 아이에게 말하고 물어보기 시작한다면 아이는 당황해하며 영어를 받아들이기 어려워한다. 조금은 천천히 일상생활에서 영어를 많이 써서 말하거나 아이가 자주 쓰는 일상 대화를 영어 표현으로 알려주는 것부터 시작해 보자.

엄마와 아이가 자주 겪는 일상 상황을 영어 표현으로 반복해 말함으로써 아이가 영어에 흥미를 갖도록 하는 것이 좋다. 아이가 영어에 대한 거부감이 사라지고 재미있어할 때 아이에게 대답하는 표현을 알려 주면서 영어로 대화할 수 있도록 상황과 환경을 만들어 주는 것이다.

예를 들어 아이가 자고 일어났을 때 엄마가 "Did you sleep well? 잘 잤니?"라고 물어보고 아이에게 "I slept well. '잘 잤어요.'라고 말하면 돼."라고 알려 주면 된다. 좀 더 영어를 알아가는 즐거움을 느낄 수 있게 하려면 반복하여 알려 주자. 처음 시작은 영어와 한국어를 함께 말해서 영어의 뜻을 알게 해 주다가 점차 영어만 사용하는 것이다.

아이에게 그때그때 상황에 맞는 일상영어를 사용해 반복적으로 익히게 하는 것이 중요하다. 일상생활 속에서 실제로 아이와 늘 주고받는 상황을 영어로 표현하고 말하다 보면 어느새 아이도 엄마도 영어 말문이 터지게 된다.

예전에 아이의 영어 때문에 고민 상담을 했던 6세 아이의 엄마가 있었다. 상담했을 당시 아이가 일반유치원을 다니고 있었는데, 7세부터 영어유치원으로 옮기려 한다고 했다. 7세에 옮기려는 영어유치원에서는 레벨테스트 결과에 따라 입학 가능 여부가 정해지는데, 입학 상담을 하면서 상담 선생님이 아이에게 간단한 영어로 대화를 시도했다고 한다. 그런데 아이가 영어로 말 한마디를 안 해서 테스트 일정만 다시 잡고 집으로 돌아왔다고 말했다.

가장 큰 걱정은 영어 말하기 테스트라고 했다. 아이가 유아 때부터 고가의 영어 출판사의 책들을 모두 구입하고, 센터 수업을 열심히 받아 영어에 대해 자신 있다고 생각했었는데 막상 아이는 영어로 말하는 것을 거부하는 상황이라며 어떻게 해야 좋을지 모르겠다고 고민을 털어놓았다. 나는 아이가 좋아하는 놀이에 몰입해 있을 때 아이에게 영어로 칭찬 한마디씩 해 보는 것과 아이가 좋아하는 놀이를 함께 하면서 한마디씩 영어로 말하고, 점점 늘리라고 조언했다.

얼마 후 아이 엄마에게 연락이 왔다. 조급해하지 않고 아이가 좋아하는 놀이를 할 때 자연스럽게 한마디씩 영어로 대화를 했더니 지금은 아이가 먼저 와서 영어로 물어보고 대답하며 일상어를 영어로 하게 되었다고 했다. 심지어 고민이었던 영어유치원 레벨테스트 역시 통과해 영어유치원에 입학하게 되었다고 말했다.

유아의 언어 발달과 언어 장애 분야에서 세계적 권위자로 알려진 로버트 E. 오웬스 JR.는 레아펠든과의 공동저서 《두뇌발달 놀이대화》에서 다음과 같이 강조했다.

"아이의 어휘력을 발달시키는 가장 중요한 노하우 중 하나는 천천히 또박또박 말해 주는 것이다. 아이한테는 낱말의 경계를 확인할 시간이 필요하기 때문이다. 만약 엄마가 빠르게 모든 낱말을 줄줄이 이어서 이야기하면 대체 무슨 말인지 알아차리기 어려울 것이다."

아이와 놀이하면서 영어로 대화할 때는 천천히 또박또박 말해 주자. 놀이영어란 엄마가 영어를 '가르치는' 것이 아니라 '영어로 함께 노는' 것이다. 아이가 좋아하는 놀이로 매일매일 인내심을 가지고 놀아 주다 보면 어느 날 아이는 영어가 생활의 일부라는 것을 받아들이게 된다.

의욕이 너무 앞서 많은 것을 알려 주려고 하면 아이들은 빨리 지쳐 버린다. 아이의 컨디션에 맞춰 놀이영어를 진행하고, 주제나 소재에 따라 간단한 단어나 영어 표현 몇 개라도 쉽고 즐겁게 대화할 수 있도록 하자.

《지랄발랄 하은맘의 불량육아》의 저자 김선미는 영어교육에 대해서 "영어교육의 핵심은 영어를 미친 듯이 잘하게 하는 게 아니라 영어를 싫어만 하지 않으면서 생활 속에 자연스럽게 스며들게 하는 것잉께로!"라고 유쾌하게 말하고 있다.

아이에게 꼭 맞는 영어 학습법이 따로 있는 것이 아니다. 우리 아이가 영어에 재미를 느끼고 흥미를 지속시킬 수 있게 해 주는 방법이 바로 아이에게 딱 맞는 영어교육 방법이다. 영어처럼 외국어는 지속적으로 반복하지 않으면 바로 퇴화한다는 것을 기억하고, 아이가 좋아하는 놀이를 통해 일상대화가 영어로 가능하다는 것을 잊지 말자.

영어 좋아하는
친구들과 함께하기

사람은 환경의 영향을 받는다. 친구는 세상 그 무엇보다 값지다. 사람이 맺는 여러 종류의 관계에서 '친구'의 중요성은 날이 갈수록 더 커지고 있다. 아이들을 보면 그 부모를 알 수 있고, 친구를 보면 그 사람을 알 수 있듯이 사람을 사귈 때는 그의 환경이나 전력을 고려해야 한다. 내 아이의 영어 친구도 마찬가지다. 친구들이 영어를 좋아하고 즐기는 분위기로 가득 차 있는 곳에서는 내 아이도 영어를 좋아하고 즐거워한다. 반면 영어를 좋아하지 않는 아이들이 많은 분위기에서는 아이도 순응하게 되기 때문에 영어로 대화하거나 사용할 의지가 줄어든다.

맹모삼천지교孟母三遷之敎라는 유명한 이야기를 우리는 익히 들어 잘 알고 있다. 맹자의 어머니가 묘지 근처로 이사를 갔더니 맹자

가 장례 치르는 흉내를 냈고, 시장 옆으로 이사를 갔더니 이번에
는 장사꾼 흉내를 내는 것이었다. 그래서 학교 옆으로 이사를 갔
더니 공부하는 흉내를 내었고, 맹자는 마침내 당대 최고의 훌륭
한 학자가 되었다는 이야기다.

'친구 따라 강남 간다'라는 우리 속담에서도 친구의 중요성
을 극단적으로 표현하고 있다. 이처럼 사람은 주변 환경에 적응하
려는 의지를 갖고 있기 때문에 주변 환경이 매우 중요하다. 영어
를 좋아하는 친구들을 만들어 줘야 하는 이유도 이 때문이다. 영
어를 좋아하고 즐겨하는 아이는 영어로 대화하는 것을 좋아한다.
그런 친구와 함께 지내면 우리 아이 역시 영어를 좋아하고 즐기게
되는 것을 당연하게 받아들이게 된다.

UCLA의 의학 심리학 교수인 프레드 프랑켈은 친밀하게 우정
을 쌓기 위한 최선의 방법은 일대일 놀이라는 사실을 발견했다.

"일대일 놀이는 처음에는 좋은 친구가 되는 노하우를 깨닫게
해 주고, 차차 이미 함께 놀고 있는 아이들 무리에 합류하도록 하
는 훌륭한 방법이다."

또한, 그의 저서 《무심한 엄마가 왕따 아이를 만든다》에서는
놀이하고 있는 아이들 틈에서 어울리기 위한 9단계를 다음과 같
이 소개했다.

1단계, 가깝고 적당한 공공장소를 물색하라.

2단계, 다른 아이들의 무리에 어울리기 위한 순서를 가르쳐라.

3단계, 아이와 함께 놀고 있는 아이들 무리를 지켜본다.

4단계, 자녀가 아이들과 어울릴 방법을 생각할 수 있게 도와준다.

5단계, 자녀와 함께 어째서 아이들의 놀이에 낄 수 없었는지 검토해 본다.

6단계, 다른 아이들의 행동을 칭찬하는 법을 알려 준다.

7단계, 아이가 어울리려는 시도를 계속할 수 있게 격려하라.

8단계, 아이가 성공적으로 다른 아이들이 노는 틈에 어울렸다면 적절하게 놀이를 끝낼 수 있게 도와주어라.

9단계, 아이의 시도가 성공했는지의 여부와는 상관없이 당신의 조언을 잘 따른 것을 칭찬해 준다.

위 9단계를 참고해 영어를 좋아하는 아이와 친구를 만들어주고 일대일 놀이를 통해 우리 아이도 영어를 좋아하고 즐거워하는 분위기에 합류하도록 만들자.

우리 부부는 아이의 영어교육에 대한 생각이 일치했다. 영어는 아이가 어리면 어릴수록 즐기면서 해야 한다는 생각이었다. 그래서 아이를 낳은 뒤 어릴 때부터 아이에게 영어 그림책과 동요를 접하게 했고, 다양한 일상대화를 영어로 하면서 자연스럽게 영어에 노출되도록 했다.

아이가 다섯 살 때 집 근처에서 나름 명문 유치원이라고 알려진 유치원에 입학하게 되었다. 유치원 생활이 시작되고 나서 얼마 지나지 않아 아이는 다양한 이유를 대며 유치원에 가기를 거부했다. 적응 기간에는 다 그런다는 주위 사람들의 말을 듣고 무작정 등원시키던 어느 날 아이가 진지하게 말했다.

"엄마 나 진짜 가기 싫어. 내가 영어로 말하면 아이들이 이상한 말 한다고 놀려."

그래도 혹시나 하는 마음에 한 달 정도 적응 기간이라며 더 지켜보았다. 여기서 적응하지 못하면 다른 기관에서도 적응하지 못할까 봐 두려운 마음도 컸다. 아이가 잘 적응하길 바라며, "우리 조금만 더 노력해 보자."라고 말했지만 시간이 지나도 힘들어해서 결국 유치원을 그만두게 했다. 그 환경에서는 우리 아이가 이상한 아이로 보였던 것이 어떻게 보면 당연한 분위기였다.

아리스토텔레스는 "인간은 사회적 동물"이라고 말했다. 인간은 다른 사람들과 함께 어울려 공동체를 이루며 살아가야 하는 존재다. 내 아이보다 영어를 잘하는 친구를 만들어 주라는 말이 아니다. 영어를 즐거워하고 하나라도 배울 수 있는 친구들과 함께하는 시간을 만들어야 한다는 것이다. 그래야 시간이 지날수록 아이는 자연스럽게 영어로 일상대화가 가능해진다.

영어를 좋아하는 친구들과 영어로 소통하는 경험을 만들어 주는 것과 더불어 친구들의 성향 및 연령에 따라 놀이영어부터 영어 원서 읽기까지 진행할 수 있게 된다면, 이는 아이가 자라는 데 좋은 영어교육의 기반이 될 것이다. 친구를 만들어 아이들 스스로 즐기는 영어 환경을 조성해 준다면 더 이상 영어에 스트레스받을 일은 없을 것이다.

PART
3

누구나 따라 하는
실전 놀이영어
활용법

01
아이의
놀이 스타일 파악하기

　사람의 생김새가 모두 다르듯이 아이들이 가진 성향 또한 모두 다르다. 그렇기 때문에 아이들이 가진 성향에 따라 영어를 가르치는 방법도 달라야 한다. 모든 아이들이 단 한 가지의 학습 스타일에 속한다고 생각하면 안 된다. 대부분 아이들은 복합적 학습 성향을 보인다. 즉, 주도적인 학습 스타일이 있고, 이차적인 학습 스타일이 섞여 있다고 볼 수 있다. 우리 아이의 학습 스타일을 파악해 놀이영어를 진행하면 아이들이 더 큰 성장을 이룰 수 있게 된다.

　학습 성향에 대해서는 다양한 학습법이 있지만, 직접 아이들을 가르쳐 보면서 효과가 좋았던 '다중지능 이론에 따른 학습자 유형'에 대해서 다음과 같이 소개한다.

1. 시각·공감각적 학습자 유형

시각적으로 봄으로써 가장 잘 배우는 유형이다. 이 유형은 그림이나 이미지를 활용하기를 선호한다. 듣는 것보다 보고 판단하는 것이 빠르며, 이미지를 떠올려 사물을 생각하는 공간 감각 능력이 뛰어나다. 그림을 보고 따라 그리는 것을 잘하고, 지도를 보고 목적지에 찾아가는 것도 잘하며 퍼즐을 좋아한다.

상대의 표정 및 반응을 예리하게 관찰한다. 시각·공감각적 학습 스타일의 아이는 색상을 사용해 주변 정리를 쉽게 할 수 있고 기억할 수 있다. 아이가 영어 그림책을 읽을 때 그림을 충분히 감상하도록 기다려 주는 것이 좋다.

북 리포트를 작성할 때 책을 읽고 느낀 점을 그림으로 표현하라고 하는 것이 좋다. 단, 너무 화려한 시각적 이미지는 오히려 아이의 집중력을 방해할 수 있으므로 흑백처럼 단순한 그림부터 보여 주면 좋다. 학습할 때 다양한 색의 펜으로 중요 부분을 색칠하면 학습하는 데 더욱 도움이 된다.

2. 청각적 학습자 유형

소리를 통해 음악을 들음으로써 가장 잘 배우는 유형이다. 이 유형의 아이는 말하는 것을 좋아하고 농담 등을 듣는 것도 좋아한다. 상대방의 목소리 톤이나 억양에 민감한 유형이다. 소리와 음악이 가장 유용한 학습 도구다.

청각적 학습 성향의 아이에게 반복적으로 훈계하게 되면 많이 힘들어한다. 칭찬을 해 주고 진심으로 격려해 주면 아이는 진심으로 받아들이게 된다. 청각적 학습자 유형은 시각적 학습자보다 말할 때 얼굴을 쳐다보고 듣는 것보다 말하는 것을 잘 이해해 잘 보지 않는 경향이 있어서 선생님이나 부모님의 오해를 불러일으킬 수 있다. 청각적 학습 유형의 아이에게 '말로 듣고 있다는 것은 알겠지만, 사람과 대화할 때는 꼭 얼굴을 봐야 한다는 것'을 알려 주어 습관을 잡아주는 것이 중요하다.

소리 내어 학습하는 것이 좋고, 영어 단어의 경우에는 스펠링으로 말하고 다시 단어를 말하는 방법을 추천한다. 예를 들어 "DOG 'D-O-G' DOG의 SAY SPELL SAY."와 같이 소리영어로 학습하는 것이다.

3. 언어적 학습자 유형

말하기와 글쓰기를 통해 학습하는 것을 선호하는 언어적 학습자 유형은 주로 책으로 전달되는 언어정보에 뛰어난 경향을 보인다. 어려서부터 말이 빠른 아이들이 언어적 학습자 유형이 많다. 듣고 이해하는 것은 빠르지만, 공감각적인 표를 사용하는 것을 지루해한다. IQ 테스트에서 언어영역이 높은 점수를 얻으며 말로 하는 것에 재능이 있다. 언어적 학습자의 스타일은 친구들을 가르쳐 주고 도와주면서 아이 스스로 더 많은 것을 배우게 된다.

그림카드나 책으로 쇼앤텔을 잘하는 아이들이 많고, 선생님 놀이를 즐겨 한다. 소리 내면서 학습하면 효과가 더욱 좋으며 책을 읽고 난 후 다시 말하는 '리텔링'을 좋아한다.

4. 운동적·활동적 학습자 유형

몸을 쓰거나 촉감을 통해서 학습하는 것을 좋아한다. 항상 신체의 어느 부분을 움직이는 것처럼 보인다. 블록이나 장난감을 분해하고 재조립하는 것을 즐기며 운동을 잘하고 기계를 잘 다룬다. 움직이지 않고 가만히 앉아서 공부하는 것을 힘들어하기 때문에 시간을 정해 주거나 모래시계 등을 보면서 참을성을 길러 주는 것도 좋은 방법이다.

과제를 주고 아이가 정해진 일을 다 끝냈을 때 움직이는 것을 허락하면 더욱 집중력 있게 끝낼 수 있다. 글이나 글쓰기로 생각을 표현하는 것보다 몸으로 표현하는 것을 더욱 즐거워한다. 미국에서는 이러한 성향의 아이에게 음절을 배울 때 박수를 치거나 인토네이션intonation을 할 때 강세 있는 부분에 일어나서 한다거나 큰 소리로 하는 등 다양한 방법으로 학습하고 있다. 아이가 자발적으로 영어 공부를 할 수 있도록 다양한 보드게임을 이용해서 즐겁게 아이와 학습하는 방법도 좋다.

5. 논리·수학적 학습자 유형

주로 수학에서 많은 능력을 보여 주는 학습자 유형이며 논리를 세우고 체계적인 사고방식을 좋아한다. 무조건적인 암기보다 왜 그렇게 해야 하는지 논리적으로 이해시켜 줄 때 학습 동기를 느낀다. 호기심이 많고 질문이 많으며 숫자를 잘 기억하여 수 개념을 빨리 익힌다. 그림이나 패턴 및 분류를 잘한다.

이 학습자 유형은 책을 읽으며 습득하기보다는 게임이나 플래시 카드를 이용하여 학습하면 좋다. 영어를 논리적으로 설명해 주면 더욱 빨리 습득한다. 예를 들어 알파벳의 음가를 말해 주고 알파벳을 조합해 단어의 소리를 완성해 가는 파닉스의 단계를 즐겁게 공부할 수 있다. 논픽션의 논리적인 사실 전달 소재의 책을 읽어 주면 아이 스스로 영어를 더 많이 배우려고 한다.

6. 사회적 학습자 유형

사회적 학습자 유형은 다른 사람들의 감정이나 심리를 관찰하고 남의 관점에서 이해하는 마음을 가지고 있다. 선생님이나 친구들 사이에서 항상 인기도 많고 성인이 되어 사회생활을 성공적으로 할 수 있다.

사회적 학습자 유형은 그룹을 이루어 함께 학습할 때 가장 큰 효과를 본다. 외국어 학습에 특히 좋은 사회적 학습자 유형은 외국인 친구를 쉽게 사귈 수 있으며 외국인과 대화를 하면서 영어를 더 많이 배울 수 있다. 직접 부딪치면서 외국인과 대화할 수 있는 관광지나 외국인이 많이 다니는 곳에서 그룹 과제를 내주면, 그룹 내에서도 잘 해낼 수 있는 아이들이 사회적 학습자 스타일이다.

토플 시험보다는 대화 위주의 오픽 같은 스피킹 위주의 시험이 좋다. 책을 읽을 때 인물의 캐릭터를 잘 파악하며 책을 읽고 쇼앤텔이나 리앤텔 등의 독후 활동도 잘한다. 또한, 캐릭터가 뚜렷한 동화책이나 챕터북 및 다양한 소설책도 도움이 된다. 대인관계에 영향을 많이 받는 성향이므로 즐겁게 영어를 하거나 영어 수준이 한 계단 높은 아이로 친구를 만들어 주는 것이 좋다.

7. 자기이해 학습자 유형

그룹으로 공부하는 것보다는 혼자 공부하기를 좋아하고 독학으로 더 큰 학업효과가 있는 스타일이다. 자기 자신의 장단점을 잘 알고 있고 아이 스스로 무엇을 원하는지 어떤 것을 필요로 하는지 잘 알고 있다. 정확한 자기만의 목표가 있고 혼자 몰입해 공부하는 것을 좋아한다.

내성적인 성격이 많으므로 단체 활동을 할 수 있도록 옆에서 도와주는 것이 필요하다. 이러한 유형의 아이에게는 책을 읽는 데 충분한 시간을 주고, 혼자만의 공간에서 학습하도록 도와주면 효과가 더욱 뛰어나다. 독후 활동으로 미니북이나 북 리포트를 작성하도록 도와준다면, 아이의 상상력이 더욱 발휘될 수 있다.

8. 자연·과학 탐구 학습자 유형

자연·과학 탐구 학습자 유형은 주변의 식물과 동물 등을 관찰하는 것을 즐기며, 계절 변화나 자연 현상에 관련된 책을 좋아하고 호기심이 많다. 분류의 학습 능력이 뛰어나며 우주나 몸 등의 한 분야에 대해 더 많이 알고 싶어 스스로 학습한다. 자연에서 얻을 수 있는 다양한 소재를 가지고 다양한 놀이영어를 하면, 더욱 영어에 흥미를 느낄 수 있게 된다.

아이가 관심 있는 분야의 영어책을 아이에게 보여 주고 체험활동을 하게 된다면 영어 동기부여가 자연스럽게 이루어져 아이스스로 영어 학습 과정을 즐기게 된다. 자연 및 과학 탐구에 관련 있는 다양한 보드게임을 이용하거나, 외국의 관련 있는 사이트를 방문해 다양한 지식을 충족시켜 주는 것이 좋다. 박물관이나 체험관을 좋아하기 때문에 아이와 함께 다양한 자연, 과학전시회를 참관하는 것만으로도 큰 동기부여가 된다.

우리 아이가 어떤 학습자 유형인지 먼저 알고 난 뒤, 효율적인 학습 방법을 찾아야 한다. 《공부하는 유대인》의 저자 힐 마골린은 학습 스타일에 대해 다음과 같이 말하고 있다.

"각각의 학생들이 선호하는 학습 스타일에 따라 그들의 공부

방식이 결정된다. (중략) 아이들이 어떤 학습 유형에 속해 있는지를 정확히 이해해야 자녀들이 더 큰 성공을 성취하도록 도울 수 있고, 평생 동안 공부하는 성인으로 키울 수 있다."

김경하의 《우리 아이 영어 어떻게 할까요?》에서는 "아이의 학습 스타일을 관찰할 때 또 한 가지 중요한 것은 어느 한 스타일에 100% 부합하는 아이는 없다는 것이다. 이는 아이에게 좀 더 효과적인 학습 환경을 만들어 주기 위한 것이지 아이를 하나의 스타일로 규정하려는 것이 아니기 때문이다."라고 말한다.

아이의 학습 성향에 관심을 두고 알아보자. 아이가 커갈수록 배우는 즐거움을 느끼며 학습할 수 있게 될 것이다.

02
말하는
놀이영어

1. 기분이 어때? How are you?

미국에서는 사람들을 만나면 습관처럼 "How are you?"라고 묻는다. 대답을 기대하기보다는 인사말로 자주 사용한다. 미국에서는 저녁 식사 시간에 "How was your school?"이라는 질문을 하면서 아이들이 하루를 되짚어 볼 수 있도록 하며 가족과 대화를 많이 한다.

○ 단어 _Key words
good, great, bad, not too bad, happy, hungry, surprised, sleepy

○ 문장 _Key sentences
Q : Hello, how are you? What's up? How is it going?

A : Yes, I am good. I am bad.

○ 놀이방법
여러 색상의 일회용 접시에 크레파스로 다양한 기분의 눈과 입을 그려 물어보는 질문에 표정을 선택하게 하는 놀이를 한다.

2. 칭찬하기 Good job!

아이를 칭찬하는 말로 놀이를 해 보자. 칭찬을 많이 받고 자란 아이는 타인을 칭찬하는 일에 인색하지 않다. 아이와 칭찬하면서 대화하자.

○ 단어 _Key words
good, great, excellent, smart, did, proud

○ 문장 _Key sentences
Q : What did you make? Good job!, Who made this?, That's amazing!, Great job!
A : I did. Not me. We did. Thank you!

○ 놀이방법
상대방을 구체적으로 칭찬해 주고 칭찬을 못하는 사람이 지는 게임이다. 예를 들어 "You are very smart! 너는 정말 똑똑해!", "You are so cute! 너는 정말 귀여워!"라고 칭찬해 주면서 아이의 자존감을 높여주자.

3. 도움놀이 May I help you?

엄마가 점원이 되어 아이에게 손님을 대하듯 말하고 행동하는 놀이를 하면서 아이가 자연스럽게 "May I help you? Can I have ~ "문장을 말하는 연습을 한다.

○ 단어 _Key words
help, bag, money, snack, can, clerk

○ 문장 _Key sentences
Q : May I help you? Can I help you?
A : Can I have some candy? I am looking for apples.

○ 놀이방법
책상에 다양한 물건을 진열한다. 엄마는 손님, 아이는 점원이 되어 슈퍼마켓 놀이를 한다. 서로 역할을 바꿔가면서 놀이해 본다.

4. 색상 찾기 What else is red?

색상에 대해서 먼저 배우고 "무엇이 빨간색일까? What else is red?" 라고 물은 뒤, 빨간색 물건을 찾아서 "It's red." 표현도 반복해 말해 주자.

- ○ 단어 _Key words
  red, blue, yellow, green, black, white, purple

- ○ 문장 _Key sentences
  Q : What else is red?, What else is blue?
  A : It is red, This is yellow.

- ○ 놀이방법
  지퍼백 안에 빨강, 파랑, 노랑 1차 색상 물감을 띄엄띄엄 짜 넣는다. 아이에게 빨강과 노랑 두 가지 색이 섞이도록 문지르라고 한 뒤 2차 색상으로 주황색이 나오는 것을 아이가 직접 만들어 보도록 하자.

5. 이것은 내 거야 This is mine.

소유격을 알려주는 놀이를 한다. "누구 거야? Whoes is this?" "이것은 내 거야! This is mine!"이라는 뜻을 알려 주면서 따라 말하게 한다.

○ 단어 _Key words
yours, his, mommy's, grandma's

○ 문장 _Key sentences
Q : Whose is this book? Is it yours?
A : This is mine. No, that's not mine.

○ 놀이방법
아이의 영어그림사전이나 잡지, 신문 등 다양한 광고를 보면서 해당 그림
이나 사진을 보며 "Whose is this?"라고 묻고 "This is daddy's. 이건 아
빠 거야."라고 말하면서 물건에 해당하는 사람을 말해 준다. 예를 들어 립
스틱 사진을 보여 주며 "Whose is this?" "It's mommy's."라고 충분히
말해 주며 역할을 바꿔서 해 본다.

123
놀이영어

1. 종이컵 전화 Let's make a phone call

종이컵 전화를 만들어 아이와 전화하는 놀이를 진행하면서 휴대전화라는 사물에 대한 인지능력도 키우며 수에 대한 개념을 일상생활 속에서 접하는 기회를 갖자.

○ 단어 _Key words
Phone, call, dialing, ring, talk, wait

○ 문장 _Key sentences
Q : Ring, ring, ring. Hello?
Hello. Mrs. Lee! Can I talk with Sophia? Is Jane there?

A : This is Joshua. Just a minute. I'm dialing 333-4400
Jane, I will hang up the phone.

○ 놀이방법
종이컵 2개를 실로 연결하고 실이 팽팽해질 만큼 거리를 두고 통화한다.
다른 사람을 바꿔 달라고 말해 보고 전화를 끊는 연습도 하게 한다.

2. 숫자놀이 Number game

숫자를 세는 것 자체가 아이들에게 놀이다. 아이가 좋아하는
과자나 신체를 이용해 숫자 세기 놀이를 해 보자. 아이가 숫자와
친해지는 기회를 자주 만들어 주자.

○ 단어 _Key words
count, one, two, three, four, five, six, seven, eight, nine, ten

○ 문장 _Key sentences
Q : Can you count? How many apples are on the table?
A : Yes, I can. There are three apples on the table. One.

○ 놀이방법
일회용 종이 접시에 숫자를 써 놓고 아이가 좋아하는 과자를 하나씩 올려
놓으며 숫자 세기 놀이를 하면서 1-하나, 2-둘, 3-셋 이렇게 수와 양 대응
이 가능하도록 활동하는 입이 즐거운 놀이를 한다.

3. 시계 놀이 Clock

아이와 함께 시계를 만들어 보면서 천천히 자연스럽게 시간의
개념을 익혀 보자.

○ 단어 _Key words
clock, big hand, small hand, come

○ 문장 _Key sentences
Q : What time is it?
A : It's 10 o'clock.
Q : What time does "Carbot" start?
A : It starts at 5 o'clock.

○ 놀이방법
일회용 종이 접시에 1~12시까지 쓴다. 시곗바늘을 만들어 똑딱단추로
고정하고 시곗바늘을 돌려보며 시계 보는 연습을 한다.

4. 모래 숫자 놀이 Sand & Number

도화지에 풀로 숫자를 쓰고 놀이터에 있는 모래나 문구점의
색 모래를 이용해 풀로 그린 숫자 위에 뿌려 본다. 숫자개념을 가
르친다고 생각하지 말고 즐겁게 천천히 알려 주자.

○ 단어 _Key words

sand, number, sprinkle, paper, glue, shake

○ 문장 _Key sentences

Q : I will show you magic. There's nothing on the paper.
Write the number with the glue. I will sprinkle some sand
on them.
What do you see?

A : Five! I see five!

○ 놀이방법

도화지에 물풀로 숫자를 쓴다. 물풀로 쓴 숫자 위에 모래나 색 모래를 뿌
리면 숫자가 보인다. "엄마가 마술 보여 줄게." 하면서 연출하면 아이가 더
즐거워한다.

5. 블록 숫자 놀이 Block & Number

아이들이 좋아하는 블록 놀이를 할 때 수에 대한 개념을 자연
스럽게 몸에 익히게 하면 수를 어려워하지 않고 즐겁게 놀이처럼
할 수 있다.

○ 단어 _Key words

block, one, two, three, number, how many, floor

○ 문장 _Key sentences

Q : How many blocks do you have?

A : I have three blocks.

○ 놀이방법

블록에 투명 테이프를 붙이고 네임펜으로 1부터 10까지 숫자를 쓴다. 아이에게 건물을 만들어 보자고 말하며 1층부터 10층까지 탑을 쌓아보자. 승강기에 있는 숫자 버튼도 자연스럽게 알려 주자.

신나는 노래와 함께 놀이영어

1. 알파벳 송 The Alphabet Song

알파벳 송을 통해서 아이와 함께 알파벳을 즐겁게 익혀 보자.

○ 단어 _Key words
alphabet, snake, eat, small, big, letter, where

○ 문장 _Key sentences
Q : What am I drawing? Where is 'B?' Please give me 'B'
A : I found it. Here.

○ 가사
A B C D E F G H I J K L M N O P Q R S T U V W X Y and Z
Happy, happy, I am happy I can sing my A B C.

○ 놀이방법
1. 알파벳 뱀을 만들자. 도화지에 뱀 그림을 코일 모양으로 그린다.
2. 그림을 가위로 자른 후, 눈을 그리고 혀를 붙여 준다.
3. 알파벳을 뱀의 몸 위에 순서대로 붙인다.

2. 원 리틀 핑거 One Little Finger

아이들이 손가락으로 신체의 이름과 공간의 위치를 연습할 수 있도록 하는 동요다.

○ 단어 _Key words
finger, ceiling, floor, head, nose, eye, mouth

○ 문장 _Key sentences
Q : Where is your nose?
A : I will put one little finger on my nose!

○ 가사
One little finger, one little finger one little finger tap!, tap!, tap!. Point to the ceiling, point to the floor put it on your head(nose, eye, mouth)

○ 놀이방법
아이와 즐겁게 간지럼 태우며 신체 이름을 영어로 알려 주면서 스킨십 게임을 해 보자.

3. 노를 저어라 Row your boat

구전 동요인 Row, row, row, your boat는 리듬감이 단순하고 반복적이라 즐겁게 따라 부를 수 있는 영어 동요다.

○ 단어 _Key words
row, boat, down, stream, forget, scream, fast, gently

○ 문장 _Key sentences
Q : Take the oars and get to work. Can you do it?
A : Yes. I can do it.

○ 가사
Row, row, row your boat, gently down the stream. Merrily, merrily, merrily, merrily, life is but a dream.
Row, row, row your boat, gently down the stream. If you see a crocodile, don't forget to scream.

○ 놀이방법
1. 엄마가 다리를 쭉 펴서 배를 만들고 다리 위에 아이를 얹히고 노래를 따라 부른다.
2. 노래를 부르다가 '만약 악어를 본다면 소리를 질러라'라는 'If you see a crocodile, don't forget to scream'이라는 구절이 나오면 빠르게 노를 젓다가 비명을 지르며 놀아 준다.

---

4. 아주 작은 거미 The Itsy Bitsy Spider

영국이나 미국에서 전해오는 거미의 행동을 묘사하는 유명한 동요다. 우리나라에도 '거미가 줄을 타고 올라갑니다'라는 친숙한 리듬의 동요가 있다.

○ 단어 _Key words
spider, web, up, down, insect, antenna

○ 문장 _Key sentences
Q : Have you ever seen a spider? How many legs do they have?

A : Yes. I saw it on the wall.They have eight legs.

○ 가사
Itsy bitsy spider climbed up the water spout. Down came the rain and washed the spider out. Out came the sun and dried up all the rain. So the itsy bitsy spider climbed up the spout again.

○ 놀이방법
1. 두꺼운 도화지에 거미 모양을 그려 색칠해서 오린다.
2. 빨대 1개를 반으로 잘라 거미 뒤에 양옆으로 테이프를 이용해서 붙이고 동전은 거미 머리 부분에 테이프로 붙인다.
3. 끈을 길게 준비해서 양쪽 빨대 사이로 넣어 매듭을 지어 주고 높은 곳에 줄을 걸쳐 놓은 뒤 양손으로 끈을 하나씩 잡고 오른손, 왼손 번갈아 가며 양쪽으로 벌려 주면 거미가 올라간다.

5. 비야 오지 마 Rain, rain, go away

비가 올 때 아이와 함께 부르면 더 좋은 영어 동요다. 아이가 밖에서 놀고 싶은데 비가 내려서 '비야, 비야, 오지 마. 다른 날에 내려라'는 내용이다. away, play, day처럼 모두 같은 모음의 소리로 끝나는 것을 라임을 맞춘 라임송이라고 하며 자연스럽게 리듬감이 생기게 하는 동요다.

○ 단어 _Key words
weather, sunny, windy, rainy, snowy

○ 문장 _Key sentences
Q : Mom, how is weather today?
A : It's rainy.

○ 가사
Rain, rain, go away! Come again another day. A little kitty wants to play. Rain, rain, go away!

○ 놀이방법
비가 오는 날 장화 신고 우산 쓰고 야외로 나가 보자. 물웅덩이에서 걸어 보고 우산 밖으로 손을 내밀어 비를 느끼며 함께 불러주면 더욱 좋다.

친구들과 함께 하는
놀이영어

1. 깃발 게임 Flag game

준비물 - 나무젓가락, 색종이, 테이프

색깔 깃발을 만든 다음 '청기백기 게임'을 해 보자.

깃발 게임으로 색이름을 익힐 수 있고 집중력을 키우기에 좋다.

○ **단어 _Key words**
flag, red, blue, green, up, down

○ **문장 _Key sentences**
Here are different colors of flags. Now hold up the flag I say.
Purple flag up! Good! Now put it down.
Q : What color is this? Where is the purple flag?
A : Here it is. This is red.

○ **놀이방법**

색종이를 깃발 모양으로 잘라 나무젓가락에 붙인다. 아이에게 불러 주는 색깔의 깃발을 들게 한다. 다른 색깔을 말하며 들어 보게 한다.

2. 저 좀 보세요 Look at me!

한 사람이 표현하는 동작에 맞는 단어카드를 다른 아이가 찾아내며 맞힌 카드를 많이 갖고 있는 사람이 이기는 게임이다.

○ **단어** _Key words

play, walk, watch drink, eat, crawl, run

○ **문장** _Key sentences

Q : I'll pick one card. Watch me and guess what it is.
Now, it's your turn.

A : It's "walk." What am I doing? You are eating.
No, you are wrong. I'm drinking.

○ **놀이방법**

동작 그림카드나 동작 단어 중 한 장을 뽑는다.
뽑은 카드를 상대방에게 행동으로 표현하게 한다.

3. 빙고 게임 Bingo

9칸의 빙고 판을 만들어 가로, 세로, 또는 대각선 방향으로 먼저 한 줄이 완성한 사람이 이기는 게임이다. 빙고 판을 만들어 그림이나 전단지 사진을 잘라 붙여 보자. 각자 빙고 판을 나누어 가지고 해당하는 이름을 부르며 체크한다. 같은 방향으로 먼저 한 줄을 완성한 사람이 이긴다. 아이에 따라 그림으로 시작하면서 영어 단어를 적는 등 초등학교 저학년까지 할 수 있는 훌륭한 게임이다.

○ 단어 _Key words
cross, in a row, snack, fruits, winner,

○ 문장 _Key sentences
Q : Let's play bingo. Rock, paper, scissors and take one away.
   You go first.
A : Apple!
Q : Grapes!
A : Bingo! Look at this. I'm the winner!

---

4. 사이먼 가라사대 게임 Simon says

언어학습에 신체감각을 활용하는 놀이영어는 아이들의 자연스러운 영어 습득에 도움을 준다. 영어 듣기 능력을 높이고 일상 표현을 익히며 준비물이 필요 없는 게임이다.

- ○ 단어 _Key words
  jump, dance, smile, clap, hand

- ○ 문장 _Key sentences
  Raise, your left hand.
  Raise your right leg.
  Touch your legs. Touch your arms.
  Touch your ears. Touch your nose.
  Open your eyes. Open your hands.

- ○ 놀이방법
  아이에게 게임 방법을 설명한다.
  'Simon Says'라고 말하고 지시해야만 아이는 그 지시내용을 행동으로 할 수 있다.
  'Simon Says'라고 하지 않았는데 엄마의 지시대로 하거나 다른 행동을 하면 '아웃' 된다.
  아이 수준에 맞는 단어부터 점점 문장으로 연습한다.

5. 장래희망 맞추기 놀이

그림카드와 단어카드로 '짝 맞추기 게임'을 하면서 자연스럽게 직업에 대해서 이야기해 보며 아이의 장래희망이 무엇인지도 물어보는 즐거운 놀이 시간이다.

○ 단어 _Key words
police officer, doctor, teacher, fire fighter

○ 문장 _Key sentences
Q : Let's play a matching game. Where is the doctor?
   Flip a card over.
A : I found the doctor!
Q : What do you want to be?
A : I want to be a fire fighter!

○ 놀이방법
두꺼운 종이로 단어카드와 그림카드를 5개씩 만든다. 순서대로 그림카드
와 단어카드를 뒤집어 본다. 카드 짝을 많이 찾은 사람이 이긴다.

자연에서 배우는 놀이영어

1. 슬픈 낙엽, 기쁜 낙엽 Sad leaf, Happy leaf

아이들도 슬플 때가 있고 화가 날 때도 있다. 가을에 특히 좋은 낙엽 놀이로 다양한 표정을 만들어 감정표현들을 배울 수 있다. 낙엽이 없으면 화분의 나뭇잎을 이용한다.

○ 단어 _Key words
leaf, happy, feel, sad, angry

○ 문장 _Key sentences
Q : How are you feeling? How is the leaf feeling?
A : I feel bad. It's sad. It's crying. I'm happy.
  Look at another leaf. It must be angry.

○ 놀이방법
1. 낙엽에 구멍을 내어 다양한 표정을 만든다.
2. 1을 색종이에 붙이고, 단어를 옆에 적는다.
3. 잘 보이는 곳에 걸어 두고, 감정에 대해 묻고 답해 보자.

2. 눈사람 만들기 Let's make a snowman

추운 겨울 펑펑 흰 눈이 내리면 아이들이 좋아하는 눈사람을 만들면서 즐겁게 신체활동을 해 보자.

○ 단어 _Key words
snowman, snowball fight, carrot, button, branch, hat

○ 문장 _Key sentences
Q : Can you make a snowman? Let's make a snowman.
Let's have a snowball fight.
A : I can make a snowman. Gather snow and make ball.
It is melting.

○ 놀이방법
눈을 뭉쳐서 점점 크게 굴려 눈사람을 만든다. 당근, 모자, 목도리를 가져가서 직접 꾸미는 즐거움도 알게 해 주고 아이와 함께 사진을 찍어 꼭 남기자. 눈사람과 관련된 영어원서를 읽을 때마다 아이는 사진을 보며 즐거운 기억을 다시 꺼내게 된다.

3. 작은 구름 Little cloud

아이와 야외에 나가서 하늘을 올려다보자. 구름의 다양한 모양은 양, 새, 비행기, 아이스크림 등 다양한 모습으로 보인다. 아이의 상상력을 즐겁게 들을 수 있는 행복한 시간이 된다.

○ 단어 _Key words
cloud, bird, ice cream, sheep, milk, airplane, see

○ 문장 _Key sentences
Q : Look at the little clouds, what do you see?
A : I can see the sheep.
Q : Can you see the airplane in the sky?
A : Yes, I can see it. It's small.

○ 놀이방법
구름을 보면서 비슷하게 생긴 동물이나 사물을 이야기하는 놀이다. 많이 이야기하는 사람이 이긴다.

---

4. 나뭇잎 보트 Leaf boat

집 근처에 물이 흐르는 작은 개천이 있다면 아이와 나뭇잎을 따서 동시에 놓고 앞으로 달려가자. 누구의 나뭇잎이 먼저 떠내려오는지 확인하는 놀이다.

○ 단어 _Key words
boat, leaf, fast, stream

○ 문장 _Key sentences
Q : Let's put the leaf on the water. Who's boat is the faster.
A : My leaf is faster than your leaf.

○ 놀이방법
아이와 함께 자신의 배로 사용할 식물을 선택한다. 꽃잎이나 식물 잎을 고른
다. 동시에 똑같이 떨어트려서 100m 앞에서 보트가 오는 것을 기다린다.

5. 뭐가 보이니? What do you see?

아이가 직접 만든 망원경을 가지고 나가서 야외 풍경을 보게
한다. 렌즈가 없는 볼품없는 망원경이지만 시야가 좁아지면서 멀
리 있는 사물을 집중해 보기 때문에 더 선명하게 보인다.

○ 단어 _Key words
see, look, binoculars, tree, car, bus, cloud

○ 문장 _Key sentences
Q : What do you see over there?
A : I can see a car.

○ 놀이방법

휴지 심지 두 개를 테이프로 단단하게 고정해서 아이가 원하는 모양으로 꾸 민다. 망원경 양쪽 끝에 구멍을 뚫어 줄을 매달고 아이 목에 걸어 주면 더 좋 아한다.

우리 아이
오감발달 놀이영어

1. 숨바꼭질 Hide and Seek

집에서 아이와 있을 때 함께 숨바꼭질을 해 보자.

○ 단어 _Key words

  hide and seek, it behind, under, eyes

○ 문장 _Key sentences

  Q : Let's play hide-and-seek. I'll be it. You hide.
      I'll cover my eyes and count up to ten. one, two, three⋯
      ten!

  A : I am coming. Is Jane behind the curtain?
      Yes. Now, you're it.

아이와 가위바위보를 해서 진 사람이 술래가 되고 이긴 사람이 숨는 놀이다. 숨는 장소에 따라 전치사를 자연스럽게 알려 주면 좋다. 예를 들어 'You are behind the curtain!'처럼 전치사를 알려 주자.

2. 소리 듣기 놀이 Sound game

아이와 함께 페트병에 각종 곡물을 담는다. 그 곡물이 담긴 페트병을 흔들어 소리를 듣기도 하면서 신나게 리듬에 맞춰놀자. 각각의 재료에 따라 소리가 달라지는 것을 느낄 수 있다. 아이가 좋아하는 동요를 들으며 신나게 흔들면서 노래를 불러 보자.

○ 단어 _Key words

bottle, seed, shake, listen, sound, music

○ 문장 _Key sentences

Q : Let's shake the maracas.

A : Wow, sound is great!

○ 놀이방법

먼저 물통이나 플라스틱 생수병을 준비한다. 뚜껑을 열고 콩이나 쌀 등의 곡식을 넣고 아이에게 흔들어 보라고 한다. 눈을 감고 소리를 들어 보면서 곡물 이름 맞추기 놀이도 함께 한다.

3. 맛보는 게임 Taste game

신맛이 나는 사탕, 달콤한 사탕, 짠 감자 칩, 쓴맛이 나는 다크 초콜릿을 준비해 아이에게 눈을 감고 맛보게 하는 게임이다.

○ 단어 _Key words
taste, bitter, sweet, salty, sour, candy, delicious, yummy

○ 문장 _Key sentences
Q : What does it taste like? Is it delicious? Is it yummy?
Let's taste.
A : It's sweet. It's salty.

○ 놀이방법
눈을 감고 맛을 느끼고 음미해 보면서 음식 이름을 맞춰 본다. 많이 맞춘 사람이 이기는 게임이다.

4. 촉각 게임 Touch & Feel

아이와 함께 주변 사물을 손으로 만지면서 촉각에 관련된 표현을 배우자.

직접 만지면서 배운 건 좀처럼 잊어버리지 않는다.

○ 단어 _Key words
touch, feel, soft, sticky, rough, hard, fluffy

○ 문장 _Key sentences
Q : I put something in this touch and feel box. Touch it.
How does it feel?
A : It's soft. A baby's hand is soft. Butter is sticky. Daddy's face
is scratchy. The jeans are rough. A desk is hard. A winter
jacket is fluffy.

○ 놀이방법
1. 티슈 상자를 이용해 Touch & Feel 상자를 만든다.
"이건 만지고 느끼는 상자야."라고 말해 준다.
2. 상자 안에 물건을 넣고 아이가 그 촉감을 느껴 보게 한다.
3. 만져 본 촉감에 해당하는 단어카드를 고르게 한다.

5. 자연 놀잇감 냄새 맡기 놀이 nature & Smel

아이와 야외로 나가 보자. 산책을 하면서 꽃, 풀, 나무 등 다양
한 자연물의 냄새를 맡아 보자.

○ 단어 _Key words
smell, tree, flower, grass, wind, stone

○ 문장 _Key sentences

Q : What is this smell?

A : This smell is flower!

○ 놀이방법

자연이 주는 놀잇감은 다른 향기가 난다는 것을 직접 아이가 맡아 보면서 느낄 수 있다. 나무 냄새는 어떤 냄새가 나는지 표현하고 꽃이나 풀냄새는 어떠한지 비교하면서 냄새 맡기 놀이를 한다. 집에 돌아와 냄새를 맡았던 식물이나 사물의 이름을 많이 말하는 사람이 이긴다.

08
상상력의 세계에 빠져 보자,
그림책 놀이

1. Hooray for Fish - Lucy Cousins

작은 물고기는 만나는 물고기 모두에게 반갑게 인사한다. 하지만 작은 물고기가 이 모두보다 가장 사랑하는 물고기는 바로 엄마다. 선명하고 간결한 그림이 시선을 사로 잡고 아름다운 바다에 가고 싶은 마음이 들게 하며, 신나는 노래는 아이들이 쉽게 따라 부를 수 있다.

○ 단어 _Key words
Hello, fish, red, blue, yellow, happy, grumpy, love, kiss, hooray

○ 문장 _Key sentences
Q : Let's make little fish with clay. Where is little fish?

A : Little fish is here!

○ **놀이방법**
아이에게 책을 읽어 주고 난 후 아이와 함께 클레이로 작은 물고기와 엄마 물고기를 만들어 본다. 문구점에서 쉽게 구입할 수 있는 스팽글로 물고기를 꾸며 보자.

2. Where is the Green sheep? - Mem Fox

초록양이 어디 있을까? 이 책에는 양들이 아주 많이 등장한다. 갖가지 색깔과 다양한 상황 속에 처한 많은 양들 중에 초록색 털을 가진 양은 어디에 있을까? 첫 장을 넘기기 전에 아이에게 힌트를 주고 시작하자. 'Here is the ~sheep'이라는 반복되는 문장을 아이들이 책을 읽고 난 후에도 계속 따라 부르게 된다.

○ **단어 _Key words**
where, green, sheep, sleep

○ **문장 _Key sentences**
Q : Where is the Green sheep?
A : Peek a boo sheep!

○ 놀이방법

종이컵에 초록색 색종이를 붙인다. 가위로 종이컵 윗부분을 잘라서 잔디
모양처럼 만들고 컵 밑 부분을 구멍을 낸다. 양을 그리고 가위로 오려 나
무 막대기에 붙인다. 양을 컵 안에 집어넣고 까꿍 놀이를 한다.

3. The Very Hungry Caterpillar - Eric Carle

콜라주 기법으로 유명한 에릭 칼의 대표작인 배고픈 애벌레
다. 화창한 일요일 알에서 깨어난 애벌레는 월요일에 사과 한 개
를 먹고, 다음 날 그다음 날도 과일을 계속 먹지만 여전히 배고프
다. 작은 애벌레가 크고 뚱뚱한 애벌레로 변하고 다시 아름다운
나비가 되기까지의 과정을 화려한 색채와 쉬운 글로 표현해 아이
들의 많은 사랑을 받는 책이다.

○ 단어 _Key words
caterpillar, eat, apple, pear, hungry

○ 문장 _Key sentences
Q : How many apple did the caterpillar eat?
A : One apple.
Q : What fruit did the caterpillar eat on Tuesday?

B : Pears

○ 놀이방법
종이 계란판을 이용해 애벌레를 만들어 보자. 계란판에 물감으로 색칠한다.
계란판이 물감을 많이 먹기 때문에 물을 많이 타서 칠한다. 면봉으로 애
벌레의 더듬이도 표현하고 눈 스티커를 붙이면 애벌레가 완성된다.

4. Jasper's Beanstalk - Nick Butterworth and Mick Inkpen

월요일에 콩을 심은 고양이 제스퍼Jasper는 일주일 내내 콩을
키우기 위해 바쁘게 지내지만, 싹이 날 기미가 보이지 않는다. 다
시 찾아온 월요일에 재스퍼는 땅을 파고 실망해서 콩을 어깨너머
로 던져버린다. 여러 날이 지나 창밖에 무럭무럭 자란 콩나무가
보이고 재스퍼는 '잭과 콩나무'라는 동화책을 읽고 콩나무를 올려
다본다. 재스퍼가 콩나무로 올라가면서 이야기는 끝이 난다. 콩을
심고 가꾸는 과정과 요일 이름을 쉽게 배울 수 있는 책이다.

○ 단어 _Key words
Monday, Tuesday, Wednesday, Thursday, Friday, Saturday,
Sunday, seed, water, plant

○ 문장 _Key sentences
Q : What day Jasper found a bean?
A : On Monday.

○ 놀이방법
일반 가정에서 밥을 지을 때 쓰는 강낭콩을 키친타올 2~3장 안에 넣어서
분무기로 촉촉하게 물을 적신 다음 지퍼 백에 넣는다. 지퍼 백 옆에 공기 구
멍을 뚫고, 햇볕이 잘 드는 곳에 지퍼 백을 붙인다. 키친타올이 마를 때쯤
분무기로 다시 적셔준다. 아이가 강낭콩이 자라는 과정을 직접 눈으로 볼
수 있다.

5. Walking Through the Jungle - Debbie Harter

자연 활동 및 다양한 동물 등을 알아볼 수 있으며 정글, 바다,
산, 강, 사막, 빙산을 지나면서 소녀가 무엇을 볼지 어떤 동물이
소녀를 뒤쫓아 갈지, 도대체 이들은 어디를 향해 가고 있는지 예
측할 수 있는 재미가 있는 책이다. 이 책은 질문 형태로 우리에게
낯익은 문장들이 반복으로 구성되어 있다. 몇 페이지 읽다 보면
아이들 입에서 저절로 다음 문장이 나온다.

○ 단어 _Key words
jungle, chase, see, snake, tiger, lion

○ 문장 _Key sentences

Q : Walking through the park, what do you see?

A : I can see a dog chasing after me!

○ 놀이방법

http://www.kizclub.com에서 활동지를 출력해 아이와 함께 오리고 붙이면서 독후 활동을 한다. 아이와 산책하면서 "Walking through the mart what do you see?"라고 노래를 부르고 "I can see snacks!"라고 대답하면서 즐겁게 말하는 놀이시간을 갖는다.

말문이 빵 터지는 놀이영어,
맛있는 푸드 잉글리시

1. 과자로 만든 집 Let's make a bread house.

영어 그림 동화책《헨젤과 그레텔》에 나오는 과자로 만든 집을
만들어 보자. 굳이 '과자건축전'에 가지 않더라도 즐거운 체험학
습이 가능하다.

○ 단어 _Key words
house, bread, snack, witch, door

○ 문장 _Key sentences
Q : Have you ever read "Hansel and Gretel?"
What is this house made of?
Who's going to answer the door?

A : It's made of crackers and cookies.
   Let's knock on the door.

○ 놀이방법
   1. 아이와 《헨젤과 그레텔》을 읽는다.
      "옛날에 어느 마을에 헨젤과 그레텔이 살았습니다."
   2. 다양한 과자, 딸기잼, 이쑤시개를 이용해 집을 만든다.
   3. 각종 과자들로 장식하고 영어 연극을 해 본다.

2. 빵 얼굴 bread face

빵 위에 과일이나 과자, 채소로 얼굴을 만들어 보자.

○ 단어 _Key words
   face, eye, nose, ear, beard, tomato, carrot

○ 문장 _Key sentences
   Q : Let's make Mr.bread's face. What can we make eyes with?
   A : We use cherry tomatoes. He has only one eye.

○ 놀이방법
   식빵 등 각종 재료들을 자른다. 재료로 눈, 코, 입을 만들어 보며 각자 얼굴
   의 특징을 설명한다. 다 만들면 맛있게 먹자.

3. 과일 요거트 Fruit yogurt

아이가 좋아하는 과일과 시리얼을 요거트에 넣어서 맛있게 만들어 본다.

○ 단어 _Key words
banana, yogurt, strawberries, dessert

○ 문장 _Key sentences
Q : Let's make fruit yogurt. What will you need?
A : We need yogurt, banana, and strawberries.

○ 놀이방법
시중에 파는 요거트를 열어서 투명 컵에 한 스푼 넣는다. 시리얼과 요거트를 넣고 과일을 넣으면 완성이다.

4. 알록달록 꼬마김밥 만들기 Mni Kimbab

아이들이 직접 만든 김밥은 세상 어느 김밥과도 비교할 수 없을 만큼 맛있다.

○ 단어 _Key words
rice, dried seaweed sheets, carrot, egg, spinach, put, mix, roll

○ 문장 _Key sentences
Add some sesame oil. Spread the rice. Roll over carefully.
Q : Can I put the egg, ham and carrot on the rice?
A : Yes, you can!

○ 놀이방법
1. 밥에 참기름과 소금으로 간을 한다.
2. 도마에 김을 올리고 밥을 골고루 깔아 준다.
3. 재료를 넣고 김밥을 조심스럽게 끝까지 말아서 만든다.

5. 미니 햄버거 Mini hamburger

아이들과 만드는 햄버거는 사이즈가 작은 미니 햄버거로 만드는 것이 좋다. 쉽게 구할 수 있는 모닝빵으로 아이들이 좋아하는 미니 햄버거를 만들어 보자. 양상추나 토마토를 안 좋아하는 아이도 스스로 만든 미니 햄버거는 맛있게 먹는다.

○ 단어 _Key words
bread, ham, lettuce, cheese, tomato, mayonnaise

○ 문장 _Key sentences
Slice the tomatoes thinly. Tear the lettuce leaves. Cut the bread in half.

Q : What are you going to make? Let's cut it. Tear it.

A : I am going to make a mini hamburger. Cheese, please.

○ 놀이방법

1. 재료를 깨끗이 씻고 토마토를 얇게 썰고 양상추를 찢는다.

2. 모닝빵을 반으로 자른다.

3. 한쪽 모닝빵에 모든 재료를 올리고 마요네즈를 뿌린 뒤 다른 쪽 빵으로 덮는다.

PART
4

놀이영어는
학습이 아닌
습득이다

01
영어 바다에 빠지는
영어 그림책

놀이영어 하면 빠질 수 없는 놀이가 있다. 바로 영어 그림책 놀이다. 많은 엄마들은 노부영(노래 부르는 영어동화의 줄임말)을 활용하는 영어 그림책 놀이라고 하면 이해가 빠르다. 영어 그림책으로 놀게 되면 아이의 상상력이 풍부해지고, 사고력과 창의력을 키울 수 있으며 쉬운 그림을 통해 아이가 내용을 예측할 수 있다. 또한 노래, 율동 및 활동 놀이까지 통합 교육이 가능하다.

영어 그림책 놀이는 아이가 좋아하는 책을 매일 꾸준히 읽어주어 자연스럽게 영어에 노출될 수 있도록 하는 것이 중요하다. 또한 아이들이 좋아하는 다양한 플래시 카드를 활용해 책과 관련된 활동을 통해 더욱 즐겁게 영어 환경 노출이 가능하다.

영어교육 전문가 김수희는 《내 아이 첫 영어》에서 영어 그림책에 대해 이렇게 언급했다.

"우리말이든 영어든 어느 나라 말이든 독서는 책을 즐기며 읽어야 진정으로 그 언어가 마음에 새겨지게 됩니다. 우선은 아이가 영어 스토리북이 단지 책이라는 이유 때문에 좋아하게 만들어야 합니다. 또한, 아이가 스토리북을 읽을 때는 다른 무엇보다도 그 이야기에 빠져들어서 몇 번이고 다시 읽고 싶게 해야 합니다."

다양한 활동을 통해 아이가 책을 정독하도록 도와주고 다독을 통해 파닉스를 학습할 수 있도록 자연스럽게 이끌어 주자. 그러면 아이가 책에서 읽었던 내용을 실생활에서 자연스럽게 접하게 되며 책을 즐겨 읽는 아이로 자라게 된다.

처음부터 영어 그림책을 좋아하는 아이는 없다. 매일 한 권씩 아이 수준에 맞춰 읽게 되면 엄마가 읽어 주지 않아도 아이가 책을 가지고 와서 읽어 달라고 조른다. 그렇게 아이의 영어 배경도 잘 형성된다.

영어 그림책들은 그림만 봐도 내용을 아이들이 유추할 수 있고, 그림이 다양하기 때문에 아이의 시각 자극에도 좋은 영향을 준다. 책에서 반복되는 문장은 노래로 만들어져 있어서 아이가 쉽게 노래를 듣고 따라 부를 수 있고, CD에 나오는 원어민의 발음과 억양을 접할 수 있어서 영어로 말하는 데 많은 도움을 준다. 무엇보다 쉬운 그림과 문장이 있는 책부터 읽어주는 것이 좋다.

요즘은 유튜브 검색창에 아이가 좋아하는 영어 그림책 제목을 입력하면, 원어민이 읽어 주는 영상이나 노래 등 다양한 영어교육 콘텐츠를 언제든지 무료로 접할 수 있다. 자투리 시간을 활용하는 방법도 여러 가지다. 아이가 좋아하는 영어 그림책 노래를 틀어 잠을 깨우거나, 블록을 가지고 놀거나 그림 그리기를 할 때 볼륨을 낮춰서 배경음악으로 들려주면 아이는 시간이 지나면서 영어에 점점 익숙해지게 된다. 반복되면 언제부턴가 노래를 흥얼거리면서 따라 부르게 되는 모습을 볼 수 있다.

아이와 미국에서 '반스앤노블Barnes&Noble'이라는 대형 서점에 들렀을 때 아이가 서점에 진열된 그림책을 구경하면서 "엄마 나 이 책 읽었었잖아!", "와~! 이 책도 우리 집에 있는 건데…", "이 책은 내가 제일 좋아하는 책인데 여기에도 있네!"라며 서점에 모든 그림책을 다 알고 있는 듯 신나게 구경했다. 아이는 자기가 아는 책들이 많이 진열되어 있다며 좋아했다.

나는 미국 서점에서 팔리는 이 많은 책들이 우리나라에 수입되어 온라인이나 오프라인 서점인 교보문고 등에서도 쉽고 편리하게 구입할 수 있다는 사실에 감탄했다. 그리고 우리나라에서도 충분히 영어교육 환경이 가능하다는 확신을 하게 됐다. 아이와 서점에서 몇 권의 책을 사고 난 후, 집 근처 도서관에 차를 타고 잠시 들렀다. 미국 도서관은 우리나라 도서관과 약간 다른 점이 있다. 아이들이 과학 실험을 해 볼 수 있는 곳도 있고, 자석블록이나 다양한 퍼즐 및 그림 그리는 도구가 배치되어 있다. 그 당시에 아이가 공룡을 한창 좋아할 때였는데 도서관에 배치되어 있는 많은 공룡 책을 가지고 와서 블록으로 공룡을 만들며 즐겁게 시간을 보냈다.

미국에 있을 때는 아이와 주로 도서관에서 많은 시간을 보냈다. 특히 도서관에서 아이들을 위해 진행하는 프로그램 시간표를 보면서 적극적으로 참여했다. 보통 오전 시간엔 Storytelling 또는 Stories and Song 프로그램이 있었다. 동화책을 읽어 주며 노래를 불러 주는 프로그램이다. 오후에는 과학, 미술 등 활동적인 수업 위주의 프로그램이 무료로 진행됐다.

스토리텔링 수업은 한국의 '노부영' 수업과 비슷했다. 동화책 내용을 손 인형으로 연극처럼 보여 주며 아이들에게 흥미와 재미를 주었다. 나도 한국에 있는 집 근처 도서관에서 영어 그림책 스토리텔링을 재능기부로 진행하고 있어서 더욱 관심을 갖고 지켜봤다. 즐겁고 흥미로운 많은 것을 배울 수 있는 시간이었다. 미국에서 돌아온 뒤 나는 미국에서 보고 배운 것을 활용해 우리나라 아이들에게도 즐겁게 영어 그림 동화책을 들려줄 수 있도록 도서관에서 평일 오전 시간에 재능기부로 스토리텔링 수업을 이어오고 있다.

아이들이 좋아하는 그림책을 읽고 주인공을 클레이로 만들거나 그림을 그리고 책에서 음식 이야기가 나오면 아이와 책에 나오는 음식을 직접 만들어 먹어 본다. 이러한 활동은 아이들이 제일 좋아하는 책 놀이 활동이다.

후지하라 가즈히로의 《책을 읽는 사람만이 손에 넣는 것》에서 "부모는 유소년기 아이를 키우면서 최대한 좋은 교육 기회를 제공하고 싶어 한다. 많은 사람들이 아이에게 책을 많이 읽어 주는 것을 가장 바람직한 교육 방법으로 꼽곤 한다. 아이에게 책을 읽어 주는 것은 정서적인 측면은 물론이고, 뇌 과학적인 측면 등 여러 가지 관점에서 바람직하다고 한다."라고 하며 책을 읽어 주면 부모와 자식 간의 유대 관계가 깊어진다고 말한다.

영어 그림책은 아이를 영어의 바다에서 즐겁게 헤엄칠 수 있도록 만들어 주는 또 하나의 놀이라는 것을 기억하자. 처음부터 아이에게 영어 그림책을 많이 읽히려는 욕심을 부리지 말고, 아이에게 영어 독서의 즐거움을 느끼게 해주어 책을 읽으며 행복한 기억을 만들어 주도록 하자.

사이트 워드
익히기

영어 그림책을 즐겨 읽는 아이들은 일반적으로 '통문자학습법'을 먼저 접한다. 통문자학습법이란, 단어를 눈에 익히고 말하면서 읽기 규칙을 아이 스스로 이해하는 방법이다. 예를 들어 'bus'를 가르칠 때 단어를 통째로 반복해 보여 주어 아이가 단어를 읽을 수 있도록 학습하는 법이다.

통문자학습법을 진행한다면 아이에게 단어를 보여줄 때 그림이나 이미지를 보여 주는 것이 효과적이다. 아이가 일상생활에서 자주 접하는 단어를 실물로 보면서 가르치는 것도 좋다. 많은 엄마들이 통문자학습법을 하면서 즐겨 활용하는 것이 '플래시 카드'다. 처음에는 간단한 단어부터 그림과 문자로 보여 주면서 시작하다가 점차적으로 어휘나 문장을 확장해 나간다.

내 아이의 경우는 통문자학습법을 통해서 한글을 읽었고, 영어는 '파닉스'로 읽었다. 어떤 학습법이 좋은가는 내 아이의 성향에 따라 선택하면 된다. 나는 '사이트 워드Sight Word'를 들어가기 전에 파닉스Phonics부터 배우는 것이 좋다고 조언한다. 우선은 파닉스와 사이트 워드가 무엇인지 알아보자.

파닉스는 먼저 단어를 익히고 소리를 내면서 읽기 규칙을 스스로 터득하며 발음을 배우는 방법이다. 영어권에서는 아이에게 읽는 법을 가르치기 위한 교육 방법으로 이용되고 있다. 파닉스 학습을 받은 아이는 영어 단어나 글자가 모국어로 무슨 뜻인지는 몰라도 영어 단어에 소리법칙을 적용하여 영어로 소리 내어 읽을 수 있다. 쉽게 설명하면 우리는 처음 한글을 배울 때 ㅌ+ㅏ 는 '타'라고 읽고 ㅈ+ㅗ 는 '조'라고 읽는다. 합쳐서 '타조'라고 읽을 수 있다. 이렇듯 파닉스학습법도 알파벳 글자가 어떤 소리를 내는지 음가를 익히면서 단어를 합쳐서 읽도록 도와주는 학습법이다.

파닉스 학습법은 다음과 같이 5단계로 나눈다.

1단계 알파벳 자음

알파벳 글자의 모양 소리Single Letter Sounds와 단자음Consonants을 알려 준다.

m [므] s [스] f [프] l [라] r [롸] n [느] h [흐] v [브]

w [와] z [즈스] b [브] c [크] d [드] p [프] t [트] j [져]

g [그] k [크] y [요] x [크스] q [쿠와]

2단계 단모음

단모음의 아a, 에e, 이i, 오o, 우u~Short Vowels~를 알려 주며 음절~Syllable~을 이해시킨다. 단자음+단모음이 모여 하나의 음절이 되는 것을 알려 준다. 음절을 알려 줄 때 박수치면서 알려 주면 쉽고 즐겁게 이해한다.

3단계 장모음

알파벳 소리가 나는 에이a, 이e, 아이i, 오o, 유u 장모음~Long Vowels~을 알려 준다.

자음+모음+자음~Three Letter Combinations~ 단어를 읽는 연습을 한다. 장모음으로 소리가 나는 경우는 He, I처럼 모음 하나로 만들어진 단어 또는 단어 하나에 모음이 하나 있을 때 장모음 소리가 난다.

Kite, Cake, Tube처럼 단어 끝에 e가 오는 경우 장모음 소리가 난다. Goat처럼 한 단어 속에 두 개의 모음이 있는 경우 앞 모음은 장모음으로 발음되고 뒷모음은 소리가 나지 않는다.

4단계 이중자음, 연속자음

이중자음Consonant Digraphs sh, ch, th…, 연속자음Consonant Blends bl, cr, br… 등을 알려준다. 'clock'이라는 단어처럼 두 개의 자음이 연속으로 올 때 연속자음이 어떻게 소리 나는지 직접 소리 내며 연습해본다. br, cr, fl, bl…

'ship'이라는 단어처럼 /sh/는 또 다른 하나의 소리를 만들어 낸다는 것을 알려주고 입으로 소리 내어 연습해 본다. ch, sh, th….

5단계 이중모음

이중모음Double Letter Vowels에 대해 가르친다.

ei, ee, ou… 등의 이중모음에 대해서 알려주고 이중모음의 다양한 단어를 직접 발음해 보면서 쉽게 이해하도록 도와준다.

파닉스를 5단계까지 빠짐없이 익혀야 파닉스를 확실히 끝냈다고 볼 수 있다. 파닉스는 각각 알파벳의 음가를 익히고 조합해서 단어의 소리를 완성해 가는 것이기 때문에 다양한 플래시 카드나 파닉스 노래, 퍼즐 및 놀이를 통해 반복적으로 연습할 수 있도록 도와주자. 파닉스는 우리 아이가 즐거운 영어의 세계로 들어가는 데 꼭 필요한 단계다.

아이들과 파닉스 수업을 할 때 사용했던 교재는 다음과 같다. 집에서 엄마표로 진행해도 좋은 교재들이다.

1. 리틀 파닉스 Little Phonics

유아 수준에 맞춘 어렵지 않은 교재이며 아이들이 좋아하는 그림과 게임으로 구성되어 있다.

2. 스마트 파닉스 Smart Phonics

파닉스 전문교재로 다양한 게임이 포함되어 있어 재미있게 파닉스를 터득할 수 있다.

3. 제이와이 파닉스 키즈 JY Phonics Kids

영어를 처음 접하는 아이에게 추천하는 책이며 알파벳의 음가를 챈트로 익힐 수 있도록 오디오 CD가 수록되어 있다.

4. 훅트온 파닉스 Hooked on Phonics

미국 내 인지도 100%를 자랑하는 읽기가 되는 파닉스 프로그램이며 미국 교사들과 학부모들이 가장 많이 사용하는 파닉스 교재다. 알파벳 음가, 단어, 학습 방법까지 설명해 아이들이 쉽게 학습할 수 있도록 구성되어 있다.

영어책을 잘 읽는 아이들의 비결은 바로 사이트 워드다. 일반적으로 파닉스 다음 단계로 알고 있는데 파닉스와 사이트 워드를 동시에 진행해도 무관하다. 사이트 워드 단계를 확실히 하고 다음 단계로 넘어가는 아이들은 영어책을 읽는 데 자신감을 갖는다.

사이트 워드는 파닉스 규칙을 따르지 않는 단어들이며 아이들이 책을 읽을 때 자주 보는 빈도수가 매우 높은 영어 단어들이다.

1937년 미국의 E. W. Dolch는 잡지, 교과서 등 수많은 자료들을 조사한 것을 토대로 220개 단어만 알아 두면 어린이, 어른에 상관없이 일상 영어 문장을 50~70% 정도 읽을 수 있다는 것을 발표했다. 발표한 단어를 살펴보면 고유명사와 명사를 제외한 동사, 형용사, 부사, 전치사, 관사 등으로 이루어져 있다. 이런 단어를 사이트 워드 또는 돌체단어Dolch words라고도 한다.

사이트 워드를 학습하게 되면 책을 읽는 데 재미를 더하며 영어책 읽는 속도가 크게 향상된다. 예를 들어 I, see, we, on, a, go, my, to, for 등 미국에서는 5세부터 초등학교 저학년까지 사이트워드 단어들을 학습하고 있다.

사이트 워드를 학습하는 제일 좋은 방법은 반복해서 책을 읽고 눈에 익히는 것이다. 하루에 한 개씩 아이에게 알려 준다면 아이도 쉽고 즐거워한다. 아이가 좋아하는 그림책이나 간단한 빙고 게임, 기억력 게임 등을 통해 즐겁게 사이트 워드를 익히도록 도와야 한다.

아이에게 사이트 워드를 꾸준히 익히게 해 주었다면 그림책을 읽으면서 사이트워드 찾기 놀이를 하면 더욱 효과적이다. 반복 읽기Repeated reading는 글을 유창하게 읽을 수 있도록 도와주는 동시에 내용을 이해할 수 있도록 해 준다. 대신 반복해서 읽기 때문에 아이가 지루할 수 있다. 그러므로 아이가 좋아하고 흥미로워하는 책을 선택하거나 다양한 줄거리의 단계별 리더스북을 선택 해 반복 읽기로 유창성Fluency 훈련을 하도록 한다.

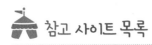 참고 사이트 목록

【참고】 아래 사이트에서 사이트 워드 플래시 카드를 다운 받아 프린트
할 수 있다.

▸ http://www.sparklebox.co.uk/literacy/letters-and-
sounds/high-frequency-words.html#.V_idqtL_rlU

▸ http://quiz-tree.com/Sight-Words_main.html

▸ http://bogglesworldesl.com/dolch/flashcards.htm

▸ http://www.edhelper.com/dolch_sight_words.htm

▸ http://esl-kids.com/flashcards/flashcards.html

* 구글 검색창에서 'Sight words'라고 치면 아이의 연령에 맞는 많은 사이트 워드
워크시트 및 자료를 손쉽게 구할 수 있다.

파닉스를 끝내고 사이트 워드를 지나쳤을 경우, 책 읽기로 넘
어가는 단계에서 아이가 힘들어할 수 있다. 파닉스 규칙에서는 단
어 읽기가 가능했는데 책에는 규칙에 어긋나는 단어들이 어렵고
외워야 하는 단어들이 너무 많다고 생각하게 되어 영어가 하기
싫어질 수 있기 때문이다.

아이에게 사이트 워드를 즐겁게 반복하게 해서 읽기에 흥미를

갖도록 도와야 성공적인 영어책 읽기가 가능하다. 아이가 영어 읽기를 배우는 과정에서 가장 주의할 점은 지루하게 만들어서는 안 된다는 것이다.

낸시 앳웰은 자신의 저서 《하루 30분 혼자 읽기의 힘》에서 말한다.

"아이들에게는 날마다 학교에서, 그리고 집에서 책을 읽을 시간을 주어야 한다. 일단 좋아하는 책을 발견하게 되면 아이들은 시키지 않아도 자진해서 더 많은 시간을 책을 읽으며 보낼 것이다. 아이가 책을 사랑하게 하는 가장 확실한 방법은, 자신이 읽을 책을 스스로 고르게 하는 것이다."

아이는 어려운 영어 읽기 과정을 이제 막 시작했으며 가장 중요한 일을 해냈다. 영어책을 혼자서 읽기 시작하면 이는 모든 학습의 기초가 되기 때문에 아이가 놀라운 일을 해냈다는 사실을 잊지 말아야 한다.

영어 그림책 읽으며
큰 소리로 말하기

　　미국에서 아이의 영어 독서능력 수준을 측정할 수 있는 리딩지수는 'Lexile렉사일'지수와 'AR'지수가 있다. 영어 그림책을 읽기 전에 렉사일지수와 AR지수에 대해서 알아 보자.

　　먼저, 렉사일지수는 미국 메타메트릭스가 학생들에게 읽기 자료를 제공하기 위해 개발한 것으로 개인과 도서의 영어 읽기 수준을 나타낸다. 숫자 뒤에 'L'자를 붙인 형태로 예를 들어 1500L 이렇게 표기된다.

　　아이의 렉사일지수와 도서의 렉사일지수가 일치될 때 영어책이 아이에게 너무 쉽거나 너무 어렵지 않다는 걸 뜻하기 때문에 아이에게 맞는 영어책으로 읽기 능력을 강화할 수 있다. 현재 국내에서 렉사일지수를 알 수 있는 방법은 Scholastic Reading Inventory나 www.natmal.com의 E-LQ평가 혹은 www.

toefljunior.or.kr에서 TOEFL, TOEFL Junior에서 확인할 수 있다.

AR지수는 미국의 Renaissance Learning, Inc.에서 10만여 권의 도서를 분석하고 3만여 명의 학생들의 데이터를 기반으로 만든 과학적 지수다. AR지수는 미국의 45,000개 이상의 학교에서 쓰는 독서관리 프로그램으로 책마다 단어와 문장의 난이도를 측정한 레벨 지수다.

AR지수는 아이 스스로 소리 내어 영어 그림책을 읽기 시작하면 책 내용을 이해하는 데 많은 도움이 된다. 또래에 비해 유난히 영어원서 리딩과 독해 실력이 아주 뛰어난 학생이 있었다. 영어유치원 출신도 아닌데 아이의 영어책 읽기 실력은 영어권 연령과 비슷했다. 그 비결은 바로 엄마가 아이의 수준에 맞춰 아이가 원할 때 지속적으로 영어책을 읽어 줌으로써 영어에 대한 호기심을 채워 주었기 때문이었다. 그러나 영어책 읽기 실력에 비해서 말하기는 다소 미흡했다. 원인은 소리 내어서 영어책을 읽거나 말하기가 안 되어 있기 때문이었다.

나는 아이가 스스로 단어나 문장을 입으로 소리 내어 말할 수 있도록 했다. 소리 내어 읽다 보면 부족한 부분을 잘 알 수 있고 고쳐 나가는 연습을 할 수 있다. 그러나 파닉스를 건너뛰고 진행한 경우 아이는 소리 내어 말하기를 어려워한다. 만약 파닉스를 끝냈는데도 아이가 작은 소리로 말한다거나 말할 때 많이 부끄러워한다면, 파닉스의 5단계를 끝까지 확실히 밟았는지, 아이가 확실히 알고 있는지 다시 한번 확인해 보는 것이 좋다. 파닉스를 복습하면서 영어로 말하는 자신감을 갖도록 하는 것도 중요하다.

소리 내어 읽는 가장 좋은 방법은 아이 스스로 좋아하는 영어책을 선택해 소리 내어 읽게 하는 것이다. 김경하의 《우리 아이 영어 어떻게 할까요?》에서는 책을 소리 내어 읽어야 하는 이유 네 가지를 설명했다.

"책을 소리 내어 읽어야 하는 것은 첫째, 소리 내어 말하는 과정에서 소리를 구성해 보는 훈련이 되고(워드 어택 훈련) 둘째, 소리 내어 읽으므로 말을 하는 동시에 소리로 듣기 때문에 두 배의 학습 효과를 낼 수 있고 셋째, 어떤 부분을 잘하고 어떤 부분에 힘겨워하는지 관찰하는 기회가 되고 넷째, 함께 읽는 과정을 통해 '읽기'라는 고독한 활동을 함께 할 수 있어서 좋다."

영어가 모국어인 사람들도 큰 소리로 책을 읽는 훈련을 한다. 그 이유는 소리를 내서 읽어야 비로소 자기 것이 되기 때문이다. 영어책을 눈으로 읽는 것보다 입을 통해 큰 소리로 읽고 자기 것으로 만들어 일상생활에서 활용할 수 있어야 더욱 신나게 영어를 익힐 수 있다. 아이가 좋아하는 영어 그림책을 소리 내어 읽는다면, 이 과정 또한 즐거움으로 느끼며 학습할 수 있다.

아이들이 책을 읽고 이해하는 능력은 각각 다르다. 그래서 나이에 따른 추천 책은 큰 의미가 없다. 하지만 이제 막 영어 그림책으로 영어를 시작하려는 부모를 위해 연령별 영어 그림책 및 추천 책들을 아래와 같이 추려보았다. 또한 엄마표 놀이영어를 진행하는 데 많은 도움이 되는 인터넷 사이트도 함께 소개한다.

유아 ~ 4세를 위한 영어 그림책

노부영, 픽처북, 스토리북, 잉글리쉬에그 스텝1, 튼튼영어 Sing along, baby league, 그림책으로 영어시작, 노래로 영어시작, 그림영어사전, 스토리붐붐, 톡톡플레이타임, 마더구스, 워드월드

추천 독서

▶ **Chuck murphy**
  – Color surprises, One to Ten, Black cat white cat

▶ **Moira Kemp** – Pat a cake, Pat a cake

▶ **Sandra Boynton** – Blue Hat, Green Hat

▶ **Anne Miranda** – To Market, To Market

▶ **Robert Kalan** – Rain

▶ **Annie Kubler**
  – Twinkle, Twinkle, Little Star, The Wheels on the Bus

▶ **Eillen Christelow**
  – Five Little Monkeys Jumping on the Bed

- ▸ Dr.Seuss's ABC
- ▸ Vera B. Williams – More More More Said the Baby
- ▸ Eric carle
    - Brown bear brown bear what do you see? 시리즈, The very hungry caterpillar, My very first library, Draw Me a Star, From Head to Toe
- ▸ Lucy Micklethwait – I Spy 시리즈
- ▸ Margaret wise Brown – Goodnight Moon
- ▸ Bill Martin Jr.
    - Here Are My Hands, A Beasty Story, Little Granny Quarterback
- ▸ Audrey Wood – Piggies
- ▸ Jez Alborou – Hug, Tall, Yes
- ▸ John butler
    - Whoes baby am I? 시리즈 Why says woof?
- ▸ DK Publishing – My first word book
- ▸ Dorling Kindersley – Baby's busy world

4 ~ 6세를 위한 영어 그림책

ORT Oxford Reading Tree, 리더스북, 스마트 파닉스, 리틀 파닉스, 톡톡플레이타임, 스토리붐붐, 잉글리쉬에그 스텝1~3, 튼튼영어 베이비리그, 규리앤프렌즈, 마더구스, Non-fiction Book, 라즈키즈,

리틀팍스, 워드월드

- **David shannon**
  - No, david시리즈, David gets in trouble, David goes to school

- **Eric carle**
  - Papa, Please Get the Moon for Me, Today Is Monday, The Secret Birthday Message

- **Jane Manning**
  - Who stole the Cookies from the Cookie Jar?

- **Ellen Stoll Walsh** – Mouse Paint

- **Mo Willems** – Elephant and Piggies

- **Elephant and Piggies**
  - Quick as a Cricket, Silly Sally, Balloonia, 《The Little Mouse, the Red Ripe Strawberry, and the Big Hungry Bear》

- **Charles G. Shaw** – It Looked Like Spilt Milt

- **Ann Morries** – Houses and homes

- **Maisy 시리즈**

- **Lauren Child** – But Excuse Me That Is My Book

- **Lucy Micklethwait** – I Spy 시리즈

- **Tony Ross** – Don't Do That

- **Jpy Cowley** – Move Over

- **Karen Katz** – I Can Share

- ▸ Lucy Cousins – Happy Birthday, Maisy
- ▸ Helen Oxenbury
  – It's My Birthday, Helen Oxenbury's Big baby Book,
  We're Going on a Bear Hunt
- ▸ Denise Fleming – Lunch
- ▸ Pat Hutchins – The Doorbell Rang
- ▸ Anthony Browne
  – My Dad, My Mum, Gorilla, Willy the Dreamer
- ▸ Ed Emberley
  – Monster, Go Away, Big Green Monster!
- ▸ Spot 시리즈
- ▸ Byron Barton – Airport, My 시리즈
- ▸ Scanimation picture book
  – Gallop, Santa, Waddle, Swing
- ▸ Max and Ruby
- ▸ Margaret wise Brown – Two Little Trains

6세 이상을 위한 영어 그림책

챕터북, 뉴베리상 수상 책, 코스북, 미국 교과서, 브레인뱅크, CTP science, 아이 스토리북, 스토리쉐이크, 러닝캐슬, ORT, Non-fiction, 라즈키즈, 리틀팍스, 노부영, 워드월드

- **Dr. Seuss**
  - The Cat in the Hat, Green Eggs and Ham
- **Valerie Thomas** – Winnie the witch 시리즈
- **Meg and Mog시리즈**
- **Pat Hutchins** – Titch, Rosie's Walk, Good-Night Owl
- **Vincent Douglas** – Learn to Read 시리즈
- **John Burningham**
  - Hey, Get Off Our Train, Mr. Gumpy's Outing, 《John Patrick Norman McHennessy, the Boy Who Was Always Late》
- **How do dinosaurs**
- **Audrey wood** – Merry Christmas, Big Hungry Bear
- **Stella blackstone** – Bear
- **Tilly&Friends**
- **Nate the great**
- **Horrid henry**
- **Ruth Krauss** – The Carrot Seed
- **Simms Taback**
  - There Was an Old Lady Who Swallowed a Fly, Joseph Had a Little Overcoat, Two Little Witches
- **Magic tree house**
- **A jigsaw jones mystery**
- **Ricotta's mighty robot**

- ‣ Magic school bus
- ‣ Captain underpants
- ‣ Arthur

 엄마표 놀이영어에 유용한 인터넷 사이트

‣ www.kizclub.com
파닉스 카드, 액티비티, 노부영 그림 출력 가능, 주제별 학습 가능

‣ www.starfall.com
파닉스 및 다양한 게임 제공, 즐겁게 시청각 학습 가능

‣ www.teacherplus.co.kr
영어 선생님들과 엄마표 영어를 진행하는 엄마들이 즐겨 찾는 사이트

‣ www.education.com
미국 유·초등 홈스쿨링 자료 제공 1개월에 5장 무료 워크시트 제공

‣ http://www.funbrain.com
어린이 동화 무료 시청

‣ https://www.teacherspayteachers.com
다양한 영어 자료가 무료·유료 제공

‣ http://supersimplelearning.com
영어 동요 마더구스, 엄마표 영어 자료 제공

‣ http://www.storyarts.org/
이솝우화 및 다양한 동화 콘텐츠 제공

▶ www.kididdles.com
많은 양의 동요 수록, 노래 검색 및 가사 제공

▶ http://www.guruparents.com
엄마표 놀이영어에 대한 다양한 자료 제공

▶ http://twistynoodle.com
색칠 및 영어 따라 쓰기 제공

▶ http://www.turtlediary.com
각종 게임, 워크시트, 퍼즐 등 다양한 영어 학습 자료 제공

▶ http://crystalandcomp.com
다양한 만들기 자료 제공

▶ http://www.storylineonline.net
동화책 읽어 주는 사이트

▶ http://www.raz-kids.com
무료체험이 가능한 홈 리딩 프로그램

▶ http://www.lil-fingers.com
파닉스 비디오, 컬러링 자료 제공

▶ http://www.abcteach.com
유·초등부터 고학년까지 이용 가능한 자료 제공

▶ www.canteach.ca
연령별로 다양한 주제의 자료 제공

▶ http://www.spaghettibookclub.org/
미국 아이들이 작성한 북 리뷰 자료 제공

▶ www.dltk-teach.com/fables
영어 읽기를 시작한 아이들을 위한 자료 제공

자녀 교육 컨설턴트 왕배정의 《영어그림책 읽어주는 엄마》에서는 영어 그림책으로 얻는 것에 대해서 이렇게 말하고 있다.

"사실상 아이들이 정말 원하는 것은 이야기다. 그런데 그 이야기를 전달하는 도구가 영어이므로 그림책을 알아듣고 눈으로 보려면 중간매체의 역할을 하는 '영어'라는 도구를 사용하지 않으면 안 된다. 결국 제일 간단하고 얻기 쉬운 것은 오직 재미있는 영어 그림책뿐이다."

아이에게 영어 그림책을 읽어 준다는 것은 단순히 영어만 알려주는 것이 아니다. 그림책과 늘 함께 자란 아이들은 인성과 지능은 물론 무궁무진한 즐거움을 느끼며 성장한다. 영어 그림책을 귀로 듣고 눈으로 보고 말을 하는 과정은 원어민 아이들이 언어를 배우는 과정과 똑같다. 우리 아이가 원어민처럼 즐겁게 영어를 잘하길 원한다면 영어 그림책을 끊임없이 읽어 주자.

내 생각을 자유롭게
'북 리포트' 써 보기

　'북 리포트Book report'는 독서 후 새로운 내용이나 지식을 습득하게 된 점과 자기의 생각과 느낌을 글로 쓰는 것을 말한다. 즉, 책을 읽고 느낀 점을 그림이나 글로 표현하는 것이 북 리포트의 시작이다.

　처음 북 리포트를 시작하는 아이는 책 제목, 작가 이름을 따라 쓰는 연습을 하면서 좋아하는 캐릭터를 그려 보는 것으로 시작한다. 아이의 책 읽는 레벨에 따라서 점차 글 쓰는 양을 늘리면 된다.

　책의 내용을 다시 한번 정리해 작가가 말하고자 하는 의미와 내용을 파악함으로써 결과적으로 이해력, 통찰력 및 올바른 가치관을 심어 줄 수 있다. 유익하고 좋은 책을 읽어도 몇 줄이라도 기록하는 습관을 갖지 않으면 머릿속에서 자연스럽게 망각하게 된다.

짧게라도 책의 줄거리나 느낀 점, 자기의 생각을 글로 적다 보면 습관이 되어 책을 읽을 때 정독하게 되며, 내용을 파악하는 데 용이하여 생산적인 책 읽기가 가능하다. 또한 북 리포트를 쓰는 습관은 아이의 영어 정복을 성공적으로 이끌며, 간단한 글쓰기로 시작하기 때문에 영어 글쓰기의 두려움을 극복하게 해 준다.

모든 글쓰기는 3단 구성서론, 본론, 결론, 4단 구성기, 승, 전, 결, 5단 구성발단, 전개, 위기, 절정, 결말으로 이루어져 있다. 서론beginning, 본론middle, 결론ending으로 이루어진 3단 구성에서 시작 단계는 이야기의 배경과 주인공 소개, 본격적으로 논의하기 위한 실마리가 되는 부분이고, 중간 단계에서는 사건이 발생되어 이야기의 절정climax에 이르게 된다. 결론 단계에서는 주인공이 어떻게 되었는지, 무엇을 깨달았는지 생각하게 한다.

영어 북 리포트를 처음 시작하는 아이라면 영어로 글 쓰는 것에 대한 두려움이 있기 마련이다. 한글로 독후감을 작성하라고 해도 싫어하는데 영어는 오죽하겠는가. 하지만 쉽게 접근할 수 있는 방법이 있다. 먼저 아이가 좋아하는 책을 선정하여 책을 읽고 난 후 "우리 주인공을 그려 볼까? 제일 기억에 남았던 장면을 그려 보자. 이제 제목, 작가 이름을 써 보자. 느낌이 어떠했는지도 간단하게 적어볼까?"라는 것부터 시작하는 것이다. 점점 북 리포트 쓰는 것이 익숙해지면 이야기 속에 어떤 일들이 벌어졌는지

플롯에 관심을 갖고 순서대로 배열해 다시 한번 스토리에 대해
생각해 보는 것이 좋다.

글쓰기 방법을 다음과 같이 간단하게라도 알려 준다면 아이
는 부모의 생각보다 책에 대한 느낀 점과 생각을 구체적으로 잘
표현할 수 있다.

1. 요약하기

처음부터 아이에게 혼자 북 리포트를 작성하라고 하는 것보다 아
이와 함께 책을 읽고 전체 줄거리를 함께 요약한다.

2. 5W1H 글쓰기

5W's 1H when 언제, where 어디서, what 무엇을, who 누구와, why 왜, how 어떻게 즉, 육하
원칙대로 핵심 질문을 이용하여 내용을 적어 본다.

3. 독후감 양식

아이에게 무작정 독후감을 쓰라고 하면 무엇을 먼저 써야 할
지 어려워한다. 독후감의 기본 질문에 익숙해질 때까지 독후
감 양식으로 먼저 써 보는 것이 좋다. 기본적으로 북 리포트
는 책 제목, 저자, 주인공, 배경, 내용 요약, 느낀 점 등이 기
본 항목으로 구성되어 있다. 구글에서 'book report'로 검색
하면 다양한 사이트에서 제공되는 양식을 볼 수 있다. www.
enchantedlearing.com에서도 양식을 다운받을 수 있다.

다음은 김경하의 《우리 아이 영어 어떻게 할까요?》에서 북 리포트 양식에 대해 나온 부분이다.

책을 읽고 그 내용을 떠올리게 하려면 생각을 시작할 수 있는 적절한 질문이 필요하다. 좋은 북 리포트의 소재에는 어떤 것이 있을까?

1. 이야기 요약 및 리텔링하기
   Retell or summarize the story

2. 자신의 경험과 연결시키기
   Connect own experiences in the story

3. 자기 의견 말하고 이를 뒷받침하기
   State opinion and provide support

4. 작가의 의도 파악하기
   Interpret the author's meaning

5. 앞으로의 내용 추측하거나 가설 세우기
   Make some predictions or hypotheses

6. 질문하기
   Ask questions

7. 개인적 감상 적기
   Make some personal reflections

위의 7가지는 미국의 초·중·고에서 가장 일반적으로 쓰이는 북 리포트의 소재들이다.

아이가 좋아하는 만화영화를 감상한 후 한 줄 리뷰를 작성하는 연습도 북 리포트에 도움이 된다. 간단한 책 리뷰를 작성하는 것도 북 리포트 작성에 많은 도움을 준다. 인터넷 사이트 www.enchantedlearning.com에서 제공하는 독후감 양식을 활용하여 아이와 함께 시작해 보자. 여러 종류의 독후감 양식을 다운받을 수 있다.

http://www.spaghettibookclub.org 사이트에서도 미국의 유치원생부터 초등학교 3학년까지 책 리뷰를 제공하고 있어 다른 아이들이 작성한 북 리포트를 참고할 수 있다.

최근 학교에서 내신 평가 유형이 서술형, 논술형 시험으로 바뀌어 가고 있다. 이처럼 갈수록 북 리포트의 중요성이 더욱 강조되고 있다. 쓰기 단계에서 충분히 연습을 해 두면, 아이의 영어 레벨이 올라갈수록 에세이나 저널을 쓸 때 중요한 바탕이 된다. 시작이 반이라는 말처럼 한 줄부터 시작하자. 습관이 되어 계속하다 보면 어느샌가 한 페이지가 부족할 만큼 많이 쓰는 아이를 발견하게 될 것이다.

책을 재미있게 읽었는데 북 리포트를 써 보자고 하면 아이들은 참 어려워한다. 힘들게 잘 써서 엄마나 선생님에게 보여 주었는데 빨간색 연필로 틀린 부분을 체크해서 설명한다면 아이는 북 리포트가 더욱 어렵게만 느껴질 것이다. 아이마다 다르지만 많은 양의 북 리포트 영작문은 일반적으로는 초등학교 4학년부터 본격적으로 시작한다. 그전에는 아이가 생각한 책의 중요 부분을 따라 쓰는 것만으로도 충분히 북 리포트의 기본을 만들어줄 수 있다.

가장 중요한 것은 아이가 작성한 북 리포트를 평가하지 말고 아낌없는 칭찬과 격려를 해 주어야 한다는 점이다. 책을 읽고 아이가 단 한 문장만을 표현했을 지라도 내 아이에게는 최고의 북 리포트라는 것을 기억하자.

05

매일 굵고 짧게
'영어 일기' 쓰기

아이에게 오늘 있었던 일 중에 제일 재미있었던 일을 그림으로 그리자고 하면 무척 즐거워한다. 이것이 영어 일기의 첫 시작이다. 영어 일기는 말 그대로 날마다 그날 겪은 일이나 생각, 느낌을 영어로 쓰는 것이다.

영어 일기를 꾸준히 쓰면 무엇이 좋을까? 영어로 느낌을 표현할 때 모르는 표현이나 단어를 아이 스스로 사전을 찾아 자기의 것으로 만들게 되며 영어 문장의 표현력과 이해력을 키우고 아이가 원하는 말은 막힘없이 영작할 수 있게 된다. 아이와 문구점에 가서 그림 일기장을 구입하여 영어로 일기 쓰는 즐거움을 알 수 있게 해 주자.

"영어가 서툰 아이들이 처음부터 자신의 생각을 적절한 어휘와 함께 자연스러운 문장으로 써 내려 가기란 현실적으로 불가능하다."라며 《영어독서가 기적을 만든다》의 최영원 저자는 말한다.

"영어 일기는 다른 말로 저널journal이라고 하는데, 하루 일과에서 있었던 일을 육하원칙5Ws1H에 맞춰 기록하도록 단계별로 지도할 수 있다. 이후 점진적으로 자신의 생각을 글로 적도록 하자. 자신의 생각을 영어로 표현하고 적는 것 자체가 처음부터 쉽지 않겠지만, 처음엔 1~2줄의 문장으로 가볍게 시작해 이후 점차 늘리는 방식으로 쓰기에 대한 부담을 줄이는 것이 학습지도 요령이다."

나를 비롯한 많은 엄마들도 어릴 때 즐겁게 그림을 그리고 짧게 일기를 쓰면서 즐거웠던 기억이 있다. 이처럼 처음 영어 일기를 쓰려고 할 때는 그림일기부터 짧게 시작해 일기 쓰는 즐거움을 느끼게 해 주자.

미국 아이들도 처음에는 그날 겪은 기억에 남는 일을 자유롭게 그림으로 표현하고 간단한 영어 단어나 문장으로 표현하면서 가볍고 즐거운 마음으로 영어 일기를 시작한다. 아이가 영어 일기를 쓰기 시작할 때는 꼭 영어로 바로 써야 좋다. 간혹 한글로 먼저 쓴 뒤 영어로 쓰게 하는 경우가 있는데, 우리말을 쓰고 영어로 옮기게 되면 자연스러운 영어표현이 힘들어지며 우리말의 단어도 잘 몰라 두 번 찾게 되는 번거로움때문에 아이가 일기 쓰기를 더욱 멀리하게 된다.

처음부터 아이가 영어로 한 단어, 한 문장이라도 쓸 수 있는 습관을 들이도록 격려해 주는 것이 좋다. 아이의 실력이 점차 향상되면 엄마가 아이의 영어 일기에 제목, 날짜, 날씨 등을 생각하면서 쓸 수 있도록 도와주자. 아이가 생활 영어 단어나, 영작하는 데 필요한 문장을 외우거나 일기에서 자주 쓰는 표현을 익혀 두면 혼자서도 영어 일기를 쓰는 데 많은 도움이 된다.

아이가 처음 영어 일기를 쓰거나 영어책을 읽게 되면 모르는 단어나 헷갈리는 스펠링을 찾기 위해 사전을 보기 시작한다. 영어 일기를 시작할 때 영어를 모국어로 사용하는 영어권 나라에서는 일찍부터 유의어 사전과 그림영어사전을 활용한다. 비슷한 뜻의 다른 단어를 표현하는 연습을 중요하게 생각하는 것이다. 아이들과 유의어 사전을 찾으면서 책을 읽으면 자연스럽게 풍부한 표현력과 어휘력을 갖게 된다.

말로 설명하는 'bear 곰'보다는 그림영어사전에서 'bear'를 보여 주면 아이들이 더 확실히 알게 된다. 아이에게 그림영어사전을 사용하는 방법을 알려 주고, 아이가 모르는 단어를 함께 찾으며 사전을 즐겨 사용하는 습관을 갖게 해 주는 것이 좋다.

《영어 잘하는 아이는 엄마가 만든다》의 김미영 저자는 "영어로 일기를 쓰는 것은 자신의 생각을 정리하고, 영어의 문장구조에 대한 이해력과 표현력을 키우는 데 매우 효과적이다. 영어 일기를 쓸 때 자신이 하고 싶은 말이 있는데 적절한 단어나 표현을 모르면 사전을 찾게 된다. 이런 경험이 축적되면서 아이의 단어 실력이나 표현력도 늘게 된다." 라고 말한다.

영어뿐 아니라 모든 언어는 쓰기 실력과 표현력 등이 단기간에 좋아지지 않는다. 아이가 꾸준히 영어 한 줄이라도 일기로 쓰는 습관을 들이면 고학년이 될수록 아이의 영작 실력은 더욱 빛을 발하게 될 것이다.

영어일기는 아이가 주인공이 되는 비밀 기록장이다. 하루 동안 겪은 일들과 그에 대한 생각 및 느낌을 솔직하게 쓰는 글이라는 것을 잘 설명해 주자. 처음 습관을 잡아 주는 것이 어렵지만, 습관이 생기게만 도와준다면 아이의 영작 실력 향상에 큰 도움이 될 것이다.

아이들이 편하고 자유롭게 영어로 자기 생각을 일기로 적다 보면 자신도 모르는 사이에 영어 문장력이 크게 향상된다. 처음에 아이들에게 영어 일기를 쓰자고 하면 대부분이 싫어한다. 모국어 일기 쓰기도 숙제로 내주기 때문에 영어 일기는 더욱 쓰기 싫다고 말한다. 이렇게 영어 일기를 쓰는 것을 거부하는 아이들에게는 영어로 '감사일기'를 써 보는 것을 제안하는 것도 좋다.

세계적으로 영향력 있는 TV 토크쇼 진행자 오프라 윈프리는 매일 감사일기를 쓴다. 그녀는 자신의 성공 비결을 책 읽기와 감사일기라고 밝혔다. 그녀의 감사일기에는 거창한 감사보다는 소소한 일상의 감사로 가득하다. 이처럼 아이들에게도 하루를 보내면서 감사했던 일 중에 하나라도 영어로 적어 보자고 하면서 영어 감사일기를 시작해 보자. 영어 일기를 매일 굵고 짧은 문장이라도 꾸준히 쓴다면 아이의 영어 글쓰기 실력이 향상되는 즐거움을 아이 스스로 느낄 수 있게 될 것이다.

06
부모가 먼저
영어 즐기는 모습을 보여 주기

아이는 무의식적으로 엄마 아빠의 행동을 따라 한다. 즉 부모는 아이에게 롤 모델인 것이다. 아이들은 가장 좋은 친구이자 영원한 스승이고 롤 모델인 부모가 하는 모든 일을 모방하며 행동과 분위기까지 보고 배운다.

성인 강좌인 '말문이 터지는 영어회화' 수업에 다니는 엄마들은 대부분의 자녀들이 영어에 대한 거부감이 없고 즐기면서 한다고 말한다. 엄마가 숙제 때문이라도 집에서 매일 영어책을 보고 즐겁게 영어로 말하며 공부하는 모습을 보이게 된다. 그 모습을 본 아이들도 역시 엄마보다 더 잘하고 싶은 마음에 누가 시키지 않아도 매일매일 엄마가 하는 모습을 따라 한다. 이제는 아이들이 엄마보다 더 열심히 한다며 수강생 엄마들은 말한다.

"아이들은 부모가 행동하는 대로 행동하지, 부모가 말하는 대로 행동하지 않는다."라는 말에 동의한다. 영어를 좋아하지도 않고 영어로 단 한마디도 하지 않으면서 아이에게 영어로 말하기를 강요한다면 당연히 아이는 영어로 말하지 않는다. 우리 아이가 영어를 싫어해서 고민이라고 말하기 전에, 엄마 아빠가 영어를 싫어하지는 않는지 아이에게 영어가 재미없다고 말하진 않았는지 먼저 생각해 보자.

심리치료 전문가 젠 버먼의 《야무진 부모노릇》에서는 모든 자녀교육의 기본은 부모가 본보기를 보이는 데 있다고 말한다. 부모는 아이에게 거울과 같아서, 아이는 부모를 보면서 자기 자신에 대한 인식, 즉 자아를 형성해 나간다고 설명하고 있다.

아이들에게는 스마트폰을 사용하지 말라고 하면서 자기는 정작 스마트폰에서 눈을 떼지 못하는 건 아닌지, '나는 괜찮다!'라는 안일한 생각을 하고 있었던 건 아닌지 생각해 보자. 사실 나도 몇 년 전까지만 해도 스마트폰 중독자라고 해도 과언이 아닐 만큼 손에서 스마트폰을 놓지 못했다.

새롭게 출시되는 다양한 게임이나 인터넷 쇼핑뿐 아니라 거주 지역 네이버 카페에서도 활발하게 활동했다. 심지어 해외 직구 카페에서는 정말 높은 등급의 회원일 만큼 열심이었다. 스스로 스마트폰 중독이라는 것은 알고 있지만, 헤어 나오기는 쉽지 않았다. 시계를 보기 위해 스마트폰을 찾는다는 핑계로 아침부터 늦은 밤까지, 심지어 자러 갈 때도 스마트 폰을 손에서 놓지 않았다.

몇 년간 이런 상황이다 보니 아이는 커 갈수록 나의 행동을 그대로 따라 하기 시작했다. 집에 태블릿 PC가 있었는데 알려 주지 않아도 유튜브에서 유아 프로와 자극적인 만화영화를 열심히 보고 있는 아이의 모습을 발견할 수 있었다. 나도 스마트폰을 손에 놓지 않으면서 아이에게만 그만 보라고 하니 당연히 내 말을 듣지 않았다.

육아 도서를 읽다가 "아이에게 책을 읽으라고 강요하기 전에 부모가 먼저 읽는 모습을 보여 주세요."라는 말을 보게 되었다. 그 글을 읽으면서 '내가 잘못했구나!'라고 느끼게 되었다. 그다음부터는 아이에게 잔소리하기보다 내가 직접 책을 읽는 모습을 보여 주기로 했다. 그러자 점점 아이도 바뀌기 시작했다. 나의 모습을 닮아 간다고 느낄 수 있을 만큼 책을 다시 즐겨 읽게 되었다. 아이가 변화된 모습을 보면서 영어에도 접목해 보았다. 아이에게 영어를 가르치는 대신 일상생활에서 많이 쓰는 말을 영어로 했다. 특히 아이가 좋아하는 놀이를 할 때는 "Let's play" 하면서 놀이를 시작했다.

한 달 정도가 지난 어느 날 아이가 "Mom, let's play"라고 말하는 것이었다. 내가 먼저 영어로 말하는 것을 즐기자 아이도 영어로 말하는 것을 좋아하게 되었다. 엄마가 먼저 영어로 즐기는 모습을 보여 주자. 아이는 엄마처럼 영어를 즐기게 될 것이다.

스웨덴의 행동주의 심리학자인 페트라 크란츠 린드그렌은《스웨덴 엄마의 말하기 수업》에서 "아이가 자신의 욕구를 자발적으로 표현하고 스스로 자신의 행동이 잘못됐다고 느낄 때 그에 대해 솔직히 드러내길 원하는가? 그러면 부모인 당신 자신부터 울타리 뒤에서 나와야 한다. 울타리 뒤에 숨어서 뿔난 채 투덜거리며 이웃집의 흉만 볼 게 아니라 직접 그들과 문제에 대해 단도직입적으로 이야기하는 모습을 보여야 한다. 또한 아이가 소수 의견일지라도 용감하게 표현하기를 원한다면 부모 자신도 그렇게 행동할 준비가 되어 있어야 한다. 아이들은 부모가 행동하는 대로 행동한다."라고 말한다.

내가 스마트폰을 즐겨 하니 아이도 스마트폰을 즐기게 되었고, 내가 책을 즐겨 읽자 아이 또한 책을 즐겨 읽었다. 더구나 영어로 일상대화를 하니 아이도 생활영어를 자연스럽게 하는 모습을 보며 나는 몸소 깨닫게 되었다.

부모의 역할은 부모가 영어를 즐기는 모습을 모방해 아이도 영어를 즐겁게 따라 하게 하는 것이다. 아이가 진정으로 영어를 즐기는 모습을 보고 싶다면 부모가 먼저 영어에 열정을 쏟아라.

07
영어는
'흉내 내기'에서 시작된다

    '배우다'의 어원은 '흉내 내다'이다. 아이들은 '따라 하기', '흉내 내기'를 잘하고 좋아한다. 영어 말하기에서 가장 좋은 학습법은 바로 원어민 흉내 내기다. 수업시간에 영어 발표나 말하기를 잘하는 아이들의 공통점은 수업할 때 선생님의 입 모양과 행동 하나하나를 잘 따라 한다.

    언어교육가 크리스 론스데일은 외국어 습득의 5가지 원리 중에서 외국인이 말하는 것을 따라 해 보라고 강조한다.

    "외국어란 어차피 따라 하기, 흉내 내기다. 원어민이 말하는 입 모양을 보면서, 직접 소리 내어 말하고 따라 하면 익숙하지 않은 영어가 점점 잘 들리게 된다."

    영어는 따라 하면서 잘하기 시작한다는 것을 명심해야 한다. 원어민의 스피치를 흉내 낼 때 반드시 입으로 소리 내어 따라 하는 것이 좋다. 부모가 영어로 놀아 줘야 하는 이유가 바로 여기에 있다. 아이는 부모의 거울이다. 부모가 하는 모든 행동, 말 하나하나를 아이들은 복사기처럼 복사한다. 아이가 가장 처음 말을 배울 때 가장 가까이에서 배울 수 있는 선생님은 부모다.

영어는 무성음과 유성음을 정확히 구별해야 하는 언어다. 성대가 울리면 유성음이고, 성대가 울리지 않으면 무성음이다. 엄마가 [b]소리를 낼 때 성대가 울리는 점을 아이에게 직접 말해 주고 아이 손을 엄마 성대에 대고 [브]로 발음하며 성대가 울리는 느낌을 아이에게 전해 준다면 아이는 완벽하게 [b] 파닉스를 알 수 있다.

부모가 다양한 영어표현을 한다면 아이도 더 많은 표현을 영어로 할 수 있게 된다. 부모는 아이의 마음을 이해하고, 아이의 영어 표현이 틀리고 실수를 한다고 해도 바른 표현을 잡아 줄 수 있어야 한다. 부모는 아이들이 제일 흉내 내고 싶고 따라 하고 싶은 대상이다. 아이가 마음껏 부모의 영어실력을 흉내 내도록 아이와 영어로 다양한 놀이 활동을 함께해 보자.

아이가 책을 가까이하고 좋아하는 아이로 자라길 바란다면 부모가 먼저 책 읽는 모습을 보여 주자. 아이들이 누구나 그렇듯 나도 어릴 적 엄마의 모든 행동을 전부 따라 하고 싶었다.

어릴 적 나는 엄마가 항상 두꺼운 책을 읽는 모습을 봤다. 엄마는 자기 전이나 새벽시간, 휴식시간에 항상 성경책이나 두꺼운 책을 읽었다. 엄마를 따라 하고 싶은 마음에 나도 엄마 옆에서 두꺼운 책을 펴고 읽기 시작했는데, 너무 어렵고 따분하고 재미없어서 엄마에게 책이 재미있냐고 물어봤다. 그러자 엄마는 빙그레 웃으면서 "그럼~ 책이 얼마나 재미있는데! 너도 알게 될 거야."라고 하셨다.

학창 시절에는 많은 책을 읽지는 않았지만, 엄마처럼 책을 좋아했으며 독서는 엄마가 하니까 나도 꼭 해야 하는 것이라고 생각했다. 지금은 자투리 시간이나 자기 전, 기상 후에 책을 읽으면서 하루를 시작한다. 엄마의 모습을 닮아 가고 있는 것이다.

인생을 살면서 힘든 일을 만나면 제일 먼저 책을 읽으라는 엄마의 말이 문득 생각난다. 살면서 힘이 들 때면 자연스럽게 책을 먼저 찾게 되었다. 지금은 성경책이 내 인생을 바꾼 소중한 책이 되어 엄마처럼 즐겨 읽는다.

내 아이가 어릴 적 나와 똑같이 내가 두꺼운 책 읽는 모습을 내 옆에서 흉내 내고 있다. 그리고 나에게 묻는다. "엄마 이 두꺼운 책이 재밌어?" 그럼 나도 엄마처럼 "응~! 재밌어. 너도 크면 알게 될 거야!"라고 말한다. 어릴 적 내 모습이 떠올라 혼자 피식 웃었다.

영어 영재로 불리는 아이들을 만나 보면 모두 책을 읽는다는 공통점이 있다. 그리고 그들의 부모 역시 책을 즐겨 읽는 경우가 많았다. 아이들이 친구들에게 하는 말투나 행동을 보면 자연스럽게 그 아이의 부모도 알 수 있다.

내 아이의 미래를 위해서라도 좋은 모습만 보여 주도록 노력하자. 우리 아이는 부모의 좋은 모습만 닮게 될 것이다.

영어 흉내 내기 학습법 중에 대표적으로 '쉐도우리딩'과 '쉐도우스피킹Shadow speaking or reading'이라는 학습법이 있다. 리스닝 및 스피킹을 위한 검증된 학습 방법으로 원어민의 영어 문장을 들으면서 1초 정도 뒤에 그대로 그림자처럼 따라 말하는 것이다. 즉, 귀로 들으면서 동시에 삭제 말하기를 학습한다. 우리 학생들은 현재 '라즈키즈Raz-Kids'라는 홈 리딩 프로그램을 이용해 쉐도우리딩을 연습하고 있다.

쉐도우리딩을 연습하게 되면 아이들은 영어 말하기 속도와 인토네이션 등이 리듬감 있어져서 원어민처럼 말하게 된다. 자막을 보면서 따라 말하는 연습을 하게 되면 쉐도우리딩이 되고, 자막 없이 연습하면 쉐도우스피킹이 된다. 십여 년 전만 해도 쉐도우스피킹 학습법이라고 하면 동시통역가가 되기 위해 연습했던 영어 학습 방법으로 잘 알려져 있을 만큼 쉽지 않은 학습법이었다. 그러나 요즘에는 홈 리딩 프로그램에서 아이의 읽기 레벨별로 학습할 수 있도록 제공하고 있어 5세부터 쉐도우리딩이 가능해졌다.

라즈키즈 홈 리딩 프로그램을 이용하면 쉐도우리딩 또한 놀이처럼 즐겁게 따라 하기가 가능하다.

일본의 아동교육연구소장 시찌다 마꼬도는 그의 저서 《엄마 나를 천재로 길러 주셔요》에서 이렇게 말했다.

"일반적으로 언어학자는 아이가 말을 기억하는 데 주위 사람들이 하는 말을 몇백 번, 몇천 번을 들어서 차츰 말을 기억하게 된다고 말하고 있다. 다시 말하면 아이는 본능적으로 말을 기억해간다. 그러나 사실 아이는 기억력만으로 말을 기억하는 것은 아니다. 아이의 머릿속에는 천재적인 언어 재주가 있어서 이 세상에 태어나면서 처음 듣는 말을 귀담아서 부지런히 분석하고, 종합하며, 말을 스스로 만들어가는 능력을 가지고 있다."

이 책에서는 아이는 모두 천재이기 때문에 인간의 말들을 쉽게 기억해 간다고 말하고 있다. 아이들은 '천재적인 흉내쟁이'인 것이다. 모국어뿐만 아니라 영어도 엄마가 즐겁고 재미있게 말하면, 아이도 즐겁고 신나게 엄마를 흉내 내면서 말할 수 있다는 것을 기억하자. 영어는 흉내 내기에서 시작하며, 아이가 잘 따라 할 수 있도록 아이 눈높이의 영어환경을 만들어 주는 것이 중요하다.

08
상상력과 호기심에
영어를 더하다

《자녀 성공 대화법》의 저자 김상옥은 저서에서 "아이들에게 자신이 하고 싶은 일에 몰두하게 해 주면 창의적 아이디어가 샘솟듯 쏟아져 나온다."라고 강조한다. 실제로 아이들과 함께 있으면 아이들의 호기심과 상상력은 어른들의 생각을 뛰어넘는다.

아이들의 오감을 자극하고 만족시키는 훌륭한 놀이 도구가 무엇이 있을까? 아이들과 다양한 놀이 활동을 통해 찾은 것은 바로 '클레이 점토'다. 원래 클레이 점토는 물과 흙이라는 자연물로 구성된 장난감이다. 직접 만지고 만들며 다양한 표현이 가능한 클레이는 최고의 교육 도구로 모양, 색상 등 다양한 정보를 교육할 수 있다.

클레이를 통해 아이들이 기본적으로 익혀야 할 교육개념을 쉽게 알려 줄 수 있고, 아이들이 만든 클레이 작품으로 역할 분담 놀이 등 다양한 스토리텔링도 가능하다. 기본 색상은 빨간색, 파란색, 노란색, 검은색, 흰색이다. 이 다섯 가지 색의 클레이 색 점토를 서로 뭉치고 주물러 다양한 색을 만들 수 있다.

아이들은 클레이 점토를 만들면서 외부 환경에서 받은 스트레스를 풀게 된다. 또한 영어를 비롯한 외국어를 편한 마음으로 받아들일 수 있다. 아이들의 상상력은 어른들의 세계를 훌쩍 뛰어넘는다. 클레이는 그런 아이들의 상상력을 마음껏 발휘할 수 있도록 해 주며 동시에 언어력을 향상시킬 수 있게 도와준다. 또한 다양한 감각_{시각, 후각, 촉각 등}을 경험하는 데 도움이 되는 놀이 활동 도구이기도 하다.

아이들이 클레이로 작품을 만들면 소근육이 발달되며, 눈과 양손의 '협응 능력'이 높아진다. 창의력 발달에도 도움이 되어 창의적인 아이디어의 도출도 유도한다. 이처럼 장점이 많은 클레이와 놀이영어를 접목하면, 아이가 영어와 친해지는 데 많은 도움이 된다. 영어 그림책을 읽고 책에 나오는 주인공을 직접 클레이로 만들면서 아이들은 자연스럽게 영어 그림책을 정독할 수 있는 힘을 기른다. 그림책과 미술놀이, 클레이 놀이 등 다양한 놀이 활동을 통한 영어는 아이에게 상상력과 호기심을 기르는 데 많은 도움을 준다.

특히 미술놀이는 아이의 상상력과 창의력을 키워 주는 대표적인 놀이다. 아이들이 즐거워하는 놀이 중의 하나이며, 다양한 색상으로 아이의 생각을 그대로 표현할 수 있다. 나이가 어릴수록 신체 활동에 왕성한 의욕을 보이는 데, 이 시기에 투입되는 미술놀이 교육은 평생 미술을 즐기고 가까이하는데 중요한 바탕이 된다. 또한, 신체와 감성의 발달 그리고 영어 확장까지 전인적 교육의 지대한 영향을 끼친다. 미술적 소양이 없어도 내 아이가 즐겁게 미술놀이 활동을 하는 과정을 통해 창의력과 상상력이 쑥쑥 늘어 가는 것을 보게 된다.

영어 그림책을 읽고 독후 활동으로 미술놀이를 진행하는 것을 추천한다. 아이들이 만든 작품은 세계적인 그림동화 작가의 상상력과 견주어도 뒤지지 않을 정도로 창의력과 상상력이 풍풍하다.

오래전부터 나는 도서관에서 유아·초등 클레이 영어동화 수업을 진행하고 있다. 강의할 때마다 매번 강당에 의자가 부족할 만큼 아이들에게 인기가 많다. 영어 그림동화를 읽어 주고 주인공이나 등장인물을 클레이 점토로 만들어 보는 놀이 수업이다. 완성된 작품을 보면 아이들의 상상력에 놀라 혼자 보기 아까워 사진으로 많이 남긴다.

그만큼 아이들은 클레이로 멋지게 자신의 상상력을 표현한다. 호기심을 키워 주는 놀이로 클레이 말고도 다양한 놀이가 많다. 아이들의 상상력과 호기심을 충족 시켰던 놀이는 다음과 같다.

숲 놀이

아이와 밖으로 나가 보자. 아이의 호기심과 상상력을 충족시켜 줄 놀잇감이
지천으로 널려 있다. 아이와 함께 숲으로 나가 다양한 자연물을 직접 몸으로
느껴 보자.

요리 놀이

아이들이 요리하는 과정에서 식재료에 대한 호기심과 창의력이 향상되며,
스스로 만든 음식을 맛보는 즐거움을 통해 성취감과 자신감이 높아진다.

듣기 놀이

아이가 눈을 감고 여러 가지 소리를 알아맞히는 놀이다. 다양한 음악뿐만
아니라 일상생활에서 자주 접하는 컵, 종이, 휴대전화 등의 다양한 소재를
활용하여 물건에 따라 달라지는 소리에 대해 알아볼 수 있다.

질문 놀이

엄마와 아이가 돌아가면서 질문하는 놀이다. 아이가 묻는 모든 질문에 아이가
이해할 수 있는 구체적인 답변을 해 줘야 한다. 질문 놀이를 통해 아이의
지적능력이 향상되고, 경청하는 습관을 들일 수 있다.

요즘은 창의적인 아이가 대세다. 미래형 인재는 창의력에 좌
우된다고 한다. 이에 많은 부모들은 아이의 창의력을 키우기 위해
많은 투자를 한다. 하지만 집에서도 엄마와 함께 얼마든지 우리
아이를 창의적으로 키울 수 있다.

그렇다면 어떻게 창의력 있는 아이로 자라게 해야 할까? 다양한 그림책과 아이가 주체가 된 놀이는 상상력의 보물 상자다. 작가의 상상력이 담겨 있는 다양한 그림책을 반복해서 읽으면 아이는 집중력과 이해력이 좋아져서 이미 책을 펴는 순간 창의력과 상상력의 바다에 빠지게 될 것이다.

그림책을 접하는 시기가 어리면 어릴수록 엄마가 더욱 재미있게 이야기해 주듯 구연식으로 읽어 주자. 구연식 책 읽기는 아이들의 호기심을 자극하고, 집중력 향상 등의 여러 가지 긍정적인 효과가 있다. 평범하게 책을 읽어 주는 것보다 구연식 책 읽기가 아이들도 훨씬 재미있어하며 집중도 잘한다.

상상력을 자극하고 키워 주는 좋은 친구는 단연 그림책이다. 영어 그림책을 읽어 주고 클레이나 다양한 만들기 활동을 통해 아이의 상상력을 표현할 기회를 제공하는 것도 부모의 지혜다.

09

우리 아이 영어,
노는 만큼 성장한다

소피아Sophia라는 예쁜 영어 이름을 가진 4세 여자아이는 어린
이집에 다니며 일주일에 한 번씩 그룹으로 놀이영어 수업을 한다.
소피아의 엄마는 영어교육 시기가 '빠를수록 좋다Sooner, Better'라는
것을 잘 알고 있었으며 조기 영어교육이 모국어 학습을 방해하지
않는다는 것도 잘 알고 있었다. 소피아가 엄마 배 속에 있었을 때
소피아 엄마는 나에게 영어회화 수업을 받았다. 아이가 태어나고
나서도 현재까지 인연을 이어 가며 현재 4살인 소피아는 두 가지
언어를 사용하는 '바이링구얼bilingual' 아이로 잘 자라고 있다.

모국어만 구사하는 '모노링구얼monolingual' 아이보다 바이링구얼
아이가 알고 있는 모국어의 어휘 수가 적을 수밖에 없다. 하지만
"장기적으로 바이링구얼 아이들이 효율적으로 말을 배우며 언어
지각 발달도 월등하여 제3외국어 습득 과정도 빠르다."라고 전문

가들은 말한다.

소피아 엄마는 소피아에게 영어를 가르친다고 생각하지 않고 일상어를 영어로 자주 말해 준다. 엄마의 영어 발음이 좋은 편은 아니지만, 그래도 아이에게 영어 그림책도 직접 읽어 주고 엄마가 공부하는 영어회화를 아이와 함께 연습한다고 생각하며 영어 노출을 많이 시켜 주려고 노력하고 있다. 바이링구얼 키즈로 자라게 하려면 엄마가 그만큼 영어환경을 만들어 주려는 노력이 필요하다. 소피아가 즐겁게 영어로 말하며 놀이 활동하는 모습을 보고 있으면 영어로 말하는 자체를 재미있어하며 놀이시간을 즐기고 있다는 것이 느껴진다.

아이들에게 재미있는 것은 자신이 직접 해 보는 것이다. 그림도 그려 보고 만들기도 해 보고 움직여 보고 노래하고 영어를 직접 체험해 보면서 스스로 체득하게 된다. 엄마표 놀이영어가 좋은 점은 내 아이의 반응이 별로일 경우 바로 다른 놀이로 바꿔서 내 아이에게 맞는 놀이영어를 찾아 줄 수 있다는 점이다.

아이와 놀면서 영어를 익히면 공부가 아닌 놀이가 된다. 놀이와 영어를 접목하면 영어를 오래 기억하고, 공통어로써 사용하는 데 도움이 된다. 제대로 잘 놀 줄 아는 아이는 학습력, 인내력, 창의력, 집중력이 뛰어나다.

아이가 직접 놀이를 선택하여 즐겁고 자연스럽게 영어를 습득할 수 있게 도와주자. 특히 유아영어는 놀이나 생활의 일부분으로 영어를 접할 수 있도록 해 주는 것이 좋다. 따라서 영어의 노출 시간을 서서히 늘릴 방법을 찾아야 한다.

핀란드의 영어교육 방식은 문법에 의존하지 않고 회화 중심으로 진행한다. 또한, 공교육에 영어를 전적으로 맡기지 않고 부모가 유치원 때부터 영어를 가르친다. 소피아처럼 어린아이들의 경우에는 영어를 공부가 아니라 놀이나 생활의 일부분으로 접할 수 있도록 해 주는 것이 중요하다.

집에서 다양한 영어를 일상적으로 사용하고 아이가 스스로 영어로 표현하는 습관을 들일 수 있도록 놀이와 함께해 준다면, 영어를 모국어만큼은 아니어도 공통어처럼 말할 가능성이 높아진다.

"스칸디 부모들은 어디에 살든 아이들이 자연 속에서 활동하는 것을 무척 중요하게 생각한다. 스칸디 부모처럼 자연을 사랑하는 법, 단순하지만 행복하게 사는 법을 아이에게 가르치자. 아이는 자연과 더불어 성장한다."

황선준·황레나의《스칸디 부모는 자녀에게 시간을 선물한다》에는 아이가 자연과 함께하는 것이 얼마나 중요한지 잘 나와 있다. 아이들이 야외에서 놀 때는 특별한 장난감이 필요 없다. 가장 좋은 놀잇감은 흙, 돌, 곤충, 식물, 바람 등 자연물이기 때문이다. 중요한 점은 놀이를 찾는 과정에서 아이가 주체가 되어야 한다는 것이다. 아이가 직접 원하는 놀잇감을 찾아 갖고 놀 때 진정한 야외놀이라고 할 수 있다.

아이는 친구들과 함께 놀면서 수없이 이기고 지는 경험을 하면서 자란다. 놀면서 아이들만의 세계를 만들고, 이를 통해 각자의 방식과 다른 사람에 대한 배려를 배우게 된다. 유명 교육전문가 인젠리의 《좋은 엄마가 좋은 선생님을 이긴다》에서는 "아이는 세상에서 하나뿐인 존재다. 따라서 부모는 아이가 발전할 때까지 가만히 기다리면 안 되고 반드시 가정에서 부족한 부분을 빨리 채워 줘야 한다."라고 설명하고 있다.

내가 만났었던 '영어를 모국어처럼 잘하는 아이들'의 엄마들은 대부분 아이가 영어에 친밀감을 느낄 수 있도록 어릴 때부터 노력했다. 말문이 트일 때부터 자연스러운 영어 환경이 되도록 영어 그림책을 많이 읽어 주고, 일상에서 영어를 접할 수 있도록 부모가 열정적으로 이야기해 주었다. 아이 연령에 맞는 교육용 영어 DVD도 시간을 정해서 아이와 함께 시청하며 엄마도 함께 영어를 즐기고 있다는 것을 직접 보여 주기도 했다. 이처럼 아이들은 놀면서 배우고 성장한다.

PART
5

우리 아이 첫 영어,
놀이영어가
답이다

엄마는
최고의 영어 파트너

엄마는 아이에게 최고의 영어 선생님이자 파트너다. 영어 영재의 비결은 단 한 가지다. 바로 재미있는 영어다. 아이가 처음부터 저절로 영어를 좋아하지는 않는다. 영어를 좋아하는 아이에게는 엄마들의 아름다운 노력이 숨어 있었다. 아이가 영어를 즐기고 말할 수 있도록 다양한 놀이 방법을 시도해 보고 집을 즐거운 영어 놀이터로 만드는 것 등이다. 아이의 성향에 대해서 누구보다 잘 알 수 있는 사람은 세상에 단 한 명, 엄마밖에 없다.

아이가 영어를 잘하게 하려면 영어를 영어유치원이나 학원에서만 사용하게 하면 안 된다. 집에서 영어환경에 노출시켜 주지 않으면, 일상 대화를 자유롭게 영어로 대화하는 데 어려움을 느끼며 즐거움과 성취감을 적게 느낄 수밖에 없다. 영어학원은 학원일 뿐이다. 일상 대화를 할 수 있는 집에서 부모와 대화할 때 영어교육 기관에서 배운 단어나 문장을 말함으로써 영어를 우리말처럼 자연스럽게 말할 수 있다.

정부연의 《엄마가 쉽게 가르치는 유아영어》에서는 "다른 누군가에게 맡기기 어려운 36개월~7세까지 아이에게 최고의 교사는 엄마다. 이때는 언어교육의 황금 시기로 부모의 모국어 이야기와 대화는 아이의 이중 언어 교육 효과를 극대화시킬 수 있다."라고 말한다. 그만큼 내 아이에 대한 가장 큰 사랑을 지닌 사람은 바로 엄마이기 때문에 최고의 대화 상대는 바로 부모이며 가장 훌륭한 교육기관은 역시 가정이다.

부모는 처음부터 끝까지 우리 아이의 영어 길잡이 역할을 해 줄 수 있고, 더욱 친숙하게 영어와 친해지며 즐길 수 있는 영어환경을 만들어 줄 수 있다. 어릴 때부터 엄마가 알파벳의 음가를 천천히 노래로 불러 주면서 놀이하듯이 알려 주고, 다양한 책과 게임을 통해서 영어와의 친화력을 높여 주는 것이 좋다. 이렇게 아이와 영어가 친해질 시간을 조금씩 늘려 주자.

우리 아이도 놀이영어 수업을 받고 있다. 지금은 내가 아닌 미국 교포 선생님에게 수업을 듣는다. 얼마 전 아이에게 잠들기 전 침대에서 영어 그림책을 읽어주는데 아이가 "엄마! 엄마보다 우리 영어 선생님이 영어 더 잘해."라고 말하는 것이었다. 갑자기 아이가 나의 영어 발음을 지적하니 헛웃음만 나오고 '언제 이렇게 컸나'라는 생각이 들었다.

"그럼, 엄마보다 미국 선생님이 더 영어 잘하시겠지."

아이에게 말하면서 드는 생각이, 조금 지나면 '엄마보다 내가 영어 더 잘해!'라고 말할 것 같았다. 아이가 대견하기도 했다. 부모의 발음이 서툴다고 원어민 CD나 음성 펜에서 나오는 소리만 들려줘서는 안 된다. 먼저 아이에게 익숙한 엄마 아빠의 육성으로 아이가 좋아하는 영어 그림책을 읽어 주며 영어에 익숙하게 만들어 주자. 항상 들어서 아이 귀에 익은 음파는 엄마 아빠의 소리라는 것을 명심해야 한다. 엄마가 아이의 메인 영어 선생님이며 아이의 영어 선생님은 보조 선생님이다.

아이에게 영어 그림책을 읽어 주면서 한국말로 열심히 설명할 필요는 없다. 그림을 충분히 볼 수 있도록 기다려 주면서 읽어 주면 된다. 아이가 그림만 보고도 이해하기 쉬운 영어 그림책을 구입해 함께 읽고, 아이가 좋아하는 책으로 아이에게 간단한 단어를 듣고 따라 하도록 입 모양을 최대한 크게, 목소리는 하이톤으로 하는 것이 요령이다.

일상 대화도 영어로 말할 수 있도록 노력해야 한다. 예를 들어 "점심 먹자!", "잘 잤니?", "오늘 뭐 입을까?"라는 질문을 하면서 생활 속에서 영어를 반복해 질문하면 아이에게 영어는 익숙한 언어가 된다. 집에서 영어를 생활의 일부로 포함시키면 더욱 효과적이다.

엄마만이 우리 아이의 최고의 영어 파트너인 이유는 다음과 같다.

첫째, 엄마만이 아이가 엄마 배 속에 있을 때부터 꾸준히 마더구스, 너서리라임(영국과 미국의 민간에서 전승되어온 동요의 총칭) 같은 영어 동요를 충분히 들려줄 수 있다.

둘째, 엄마만이 아이와 다양한 놀이를 하고 영어 그림책을 읽어 주면서 천천히 영어를 습득하도록 도와주며 영어의 바다에 빠져 즐겁게 수영할 수 있게 한다.

셋째, 엄마만이 아이가 언제든지 원할 때 영어로 대화할 수 있는 상대가 되어 줄 수 있다. 영어교육 활용의 최고라고 말하는 유튜브 동영상 등을 언제 어디서든 활용할 수 있다.

아이를 위해서라면 영어교육 전문가가 아니어도 즐겁게 영어 그림책을 읽어 주고, 신나게 영어 동요를 불러 주며 열정적으로 놀아 주는 사람은 엄마만이 가능하다는 것을 잊지 말자.

《부엉이 아빠의 엄마표 아빠표 영어공부법 매뉴얼》의 작가 서용훈은 그의 저서에서 엄마 아빠와의 소통과 교감이 중요한 이유를 이같이 말했다.

"엄마가 자기를 대화 상대로 진지하게 대하고 있다고 여기면 아이도 의젓해집니다. 그런 대화를 하고 나서 공부를 하면 아이는 성실한 자세로 임합니다. 엄마와의 약속을 지켜야 한다는 책임감을 느끼기 때문입니다."

엄마는 아이의 최고의 영어 파트너이며 엄마만큼 아이에 대해서 잘 아는 사람은 없다. 엄마 또한 아이와 함께 다시 영어를 시작하면서 엄청난 성취감을 맛볼 수 있다. 세상에 어느 누구도 엄마 아빠를 대신할 최고의 영어 선생님, 파트너는 없다.

02
일상을
영어로 말하기

　아이들은 보통 읽기와 쓰기 실력은 좋은데 일상에서 영어로 말하는 것은 많이 어려워한다. 영어 읽기나 쓰기는 열심히 공부하다 보면 실력이 조금씩 향상되는 것을 알 수 있어 아이 스스로도 더욱 열심히 읽기 쓰기에 매진하게 된다. 그러나 영어 말하기는 아무리 공부를 열심히 한다고 해도 단기간에 잘하기 어렵고, 본인 스스로 영어 말하기 실력이 향상된다고 느끼기도 힘들다.

　영어 말하기는 오랜 시간을 필요하기 때문에 하루라도 빨리 내 아이에게 영어로 일상어를 말해 주는 것이 좋다. 읽기나 쓰는 것은 영어로 말할 때 보다 생각할 수 있는 시간의 여유가 있으며 모르는 단어를 찾고 표현에 맞는 문법을 확인할 수 있다. 하지만 영어 말하기는 생각할 시간 없이 바로 말을 해야 한다.

　영어는 언어이며 의사소통을 하기 위해서 배우는 것이다. 말하지 않는 언어는 무용지물이다. 영어로 말하다가 어휘나 문법이 틀렸다고 생각되면 당황하게 되고 당황하면 무슨 말을 하려고 했었는지 아무런 생각도 나지 않아 결국은 말을 못하게 되는 악순환을 반복하게 된다.

머릿속에서 생각하고 있는 말을 바로 하려면 어떻게 해야 할까? 자신 있게 큰 소리로 말하는 연습을 통해 익혀야 한다. 부모가 옆에서 일상생활을 하는 동안 반복적으로 영어로 말해 주면 아이는 자연스럽게 영어의 뜻을 알 수 있게 된다.

우리나라는 영어가 공통어가 아니기 때문에 일상생활에서 대부분 영어를 사용하지 않는다. 그르므로 부모가 먼저 일상생활에서 많이 사용하는 간단한 문장으로 대화하며 아이 또한 자연스럽게 영어를 일상어처럼 말할 수 있도록 연습해야 한다.

아이가 아래 표현을 1초 이내로 바로 말할 수 있는지 확인 해 보자.

1. 일어날 시간이야!
2. 와서 아침 먹어.
3. 오늘 학교에서 어땠니?

간단한 문장이라 쉽게 말할 수 있어야 하지만 바로 말하기 어렵다면 아이와 함께 다시 영어 말하기 연습을 시작해 보자.

1. Time to wake up!

2. Come and eat your breakfast.

3. How was school today?

1초 안에 바로 말하기 위해서는 입으로 소리 내어 말하는 연습과 훈련이 필요하다. 또한, 좀 더 높은 말하기 능력을 쌓기 위해서는 정확한 발음과 큰 소리로 말하는 연습을 반복하는 것이 좋다. 그럼 외국인을 만나도 자신 있게 영어로 대화할 수 있다.

"지지자는 불여호지자요, 호지자는 불여락지자라. 知之者不如好之者, 好之者不如樂之者."

《논어》에 나오는 구절이다. '아는 사람은 좋아하는 사람만 못하고, 좋아하는 사람은 즐기는 사람만 못하다'라는 뜻이다. 많은 사람들이 알고 있는 명언 중 '천재는 노력하는 자를 이기지 못하고, 노력하는 자는 즐기는 자를 이기지 못한다'라는 말과 일맥상통한다. 그만큼 아이들이 영어를 학습하는 데 있어서 무엇보다 가장 중요한 것은 바로 그 순간을 즐기는 것이다.

영어 말하기도 스스로 재미를 느껴서 하는 것만큼 효과적인 방법은 없다. 생활 속에서도 쉽고 재미있게 하는 방법이 있다. 아이는 엄마의 말을 듣는 시기가 지나면 엄마의 말을 따라 하고 흥

내 내려고 한다. 그때 아이가 엄마에게 한국말로 물어보면 한국말로 대답하고, 아이가 영어로 물어보면 영어로 대답해 주는 방법이다.

예를 들어 아이가 "Mommy!"라고 말하면 엄마가 "Yes"라고 대답하고, 맛있는 음식을 먹을 때 "Good?"이라고 물어보면 "Good."이라고 말하는 식으로 영어를 생활화하는 것이다. 그렇게 영어가 점차 익숙해지면 아이가 자고 일어났을 때 엄마가 "Did you sleep well?"이라고 물어보면 아이에게 "Yes, I slept well."이라고 대답하는 방법도 알려 주자. 처음에는 무슨 말인지 잘 알아듣지 못하겠지만, 같은 상황에서 반복해서 말해 주면 아이는 자연스럽게 뜻을 알게 된다.

김숙희의 《엄마가 가르치는 우리 아이 영어 몰입 교과서》에서는 생활 속에서 말하기를 가르칠 때 주의할 점을 이렇게 말한다.

"틀리더라도 야단치거나 꾸짖어서는 안 된다는 것이다. 우리말을 배울 때도 틀리면서 배웠다. 아이가 어법에 맞지 않는 어색한 말을 한다 해도 일일이 고치려 하지 말자. 자꾸 지적받으면 영어로 말하기 싫어하게 된다. 배우는 과정이라고 생각하면 엄마들의 마음이 조금 편해질 것이다."

미국에서 만난 한국 엄마들은 이렇게 말한다.

"미국에 오니까 '아이의 영어가 자연스럽게 늘겠지'라는 생각이 들어 영어 공부하라는 잔소리를 하지 않으니 마음이 편해져서 좋네요."

정말 미국에서 살면 저절로 영어를 잘하게 될까? 물론 아니다. 즉 영어를 일상생활에서 사용하는 환경이라 마음이 편하다는 뜻이다. 꼭 미국을 가야만 마음이 편해지는 것도 아니다. 한국에서도 엄마가 얼마나 영어로 일상대화를 해 주느냐에 따라서 미국 환경이 될 수 있다.

예전에 지인의 집에 저녁 식사를 초대받아 방문했던 적이 있었다. 아이가 영어와 중국어를 원어민처럼 잘해서 당연히 외국에서 살다 왔거나 주재 경험이 있을 거라고 생각했다. 그러나 아이 부모는 "외국은 동남아 여행지 빼고는 가 본 적이 없다."라고 말했다. 어떻게 아이가 이렇게 영어를 잘하게 되었는지 물어보니 '엄마의 컨닝 페이퍼(?)' 덕분에 잘하게 되었다고 했다. 엄마의 컨닝 페이퍼는 다름 아닌 일상회화 문장을 종이에 써서 주방이나 냉장고, 화장실 등에 붙여 놓고, 아이에게 일상어로 보는 것이었다. 계속 반복하여 말하게 되니 자연스럽게 엄마도 아이도 문장을 외우게 되었다고 한다.

아이가 한 단어라도 일상어를 영어로 답할 수 있다면 조금씩 문장으로 말하도록 유도하는 것이 좋다. 일상생활에 영어를 접목시켜 아이에게 많은 것을 영어로 알려 주는 것이다. 아침부터 저녁까지 집에서 부모가 아이에게 자연스럽게 영어에 노출시키는 방법으로 아이의 영어 대화 실력이 크게 향상될 수 있다. 하루에 한 문장이라도 영어로 말하는 것과 안 하는 것은 엄청난 차이가 있다. 영어는 지속적으로 꾸준히 하는 것이 중요하다는 것을 기억하고 아이에게 일상생활에서 영어로 말할 기회를 주자. 엄마가 반복적으로 말해 주는 일상 영어로 아이는 자연스럽게 말문이 트이게 될 것이다.

3일만 하면 습관이 되는
하루 10분 놀이영어

하루에 딱 10분씩 아이와 꾸준히 놀이영어를 해서 습관으로 만들어 주자.

"습관 형성의 법칙에서는 3일 계속하면 1주일 계속하고, 1주일 계속하면 1개월 계속하고, 1개월 계속하면 3개월, 그 후로 반년, 1년 계속하고 3년 계속하면 그것이 습관이 된다고 합니다."

마쓰다 미쓰히로 저자의 《청소력, 행복한 자장을 만드는 힘》의 일부분이다. 이처럼 아이와 매일 10분씩 영어로 놀아 주면 습관이 되고, 3일, 1주일, 1개월, 3개월… 3년을 지속적으로 하다 보면 영어 말하기가 습관이 되어 아이는 영어에 기초 내공이 쌓여 쉽게 무너지지 않는다.

하루 10분은 엄마도 아이에게도 부담 없는 시간이다. 10분 동안 마음껏 아이와 함께 즐거운 놀이영어를 해 보자. 엄마표 놀이

영어를 처음 시작하는 엄마들은 하루 30분 이상씩 계획하고 실천하려고 애쓰지만, 현실은 어렵다. 만약 아이와 함께 놀아 줄 시간이 도저히 없다면, 잠들기 10분 전에 아이가 좋아하는 영어 그림책을 읽어 주거나 그림일기로 대신할 수 있다. 하루 10분은 아이의 영어 습관을 만들어 주기 좋은 시간이다.

나도 처음 엄마표 영어를 시작했을 때는 의욕이 불타올라 '하루 1시간씩 매일 해야지'라는 마음을 가졌었다. 그래서 아이와 마더구스 20분, 동화책 읽기 20분, 비디오 보기 20분으로 계획을 짜고 진행했다. 하루도 빠짐없이 철저하게 실천해야 한다는 생각과 아이의 컨디션을 고려하지 않고 진행한 결과, 아이도 나도 서로 지쳐버렸다.

결과는 대실패였다. 오히려 아이가 즐겨 읽었던 영어 그림책을 쳐다보지도 않게 되는 부작용까지 생겼다. 오로지 부모 위주의 생각과 무조건적인 영어계획의 결과가 실패인 것은 당연했다. 단기간에 영어를 끝내야겠다는 욕심을 버리고 시간이 걸리더라도 아이를 기다려줘야 한다.

내 아이에게 맞도록 굵고 짧게! 아이가 더 하고 싶고 아쉬워할 만큼의 시간이어야 한다. 영어에 대한 즐겁고 행복한 기억이 차곡차곡 쌓이도록 도와줘야 하는 것이다. 나는 경험을 통해 엄마의 철저한 계획대로 무조건적인 영어 주입식 학습을 1시간 동안 함께 하는 것은 아무런 의미가 없다는 것을 깨닫게 되었다.

영어교육 전문가 이두원의 《하루 1시간 영어독서의 힘》에서는 좋은 습관이 성공을 가져온다고 말한다.

"흔히 말하기를 좋은 습관은 성공에 이르는 사다리와 같다고 말한다. 그래서 모든 성공은 습관의 산물이라고 한다. 좋은 습관을 길러 주기 위해서는 어릴 때부터 게임이나 TV, 만화를 즐기기보다는 책을 장난감처럼 가지고 놀게 해야 한다. 그렇게 하다 보면 자연스럽게 책과 가까워져 지혜롭고 똑똑한 아이가 된다."

아이가 즐겁고 재미있게 매일 영어를 하는 것을 습관화해야 한다. 물론 우리 아이의 성향에 따라 다르기 때문에 집중력이 좋은 아이는 10분 이상, 유치원생은 20분, 초등학생은 30분 이상 아이에 맞게 진행하는 것이 좋다. 내 아이의 성향에 맞게 처음 10분에서 시간을 점점 늘려나가면 된다.

습관은 하루아침에 만들어지는 것이 아니다. '오늘은 피곤하니까. 짧은 10분인데…, 내일 20분 놀아 줘야지'라는 핑계를 대며 내일로 미루게 되면 습관을 길러 주기 어렵다.

찰스 두히그의 《습관의 힘》에서는 습관이란 무의식적이고 반복적으로 하는 행동이나 사고를 의미하며 습관을 지배하기 위해서는 먼저 습관을 알아야 한다고 말한다. 모든 습관은 3단계 과정으로 형성되는데, '신호 – 반복 행동 – 보상'이다. 이를 참고하여 먼저 우리 아이의 습관을 새롭게 디자인하자.

좋은 습관을 위한 황금률에 대해서 찰스 두히그는 이렇게 정의한다.

"황금률을 한마디로 정리하면 이렇다. 동일한 신호와 동일한 보상을 제공하면 반복 행동을 바꿀 수 있고, 따라서 습관도 바꿀 수 있다. 신호와 보상이 같다면 거의 모든 행동을 바꿀 수 있다."

위의 3단계를 아이에게 맞게 '정해진 신호시간 - 반복 행동놀이영어 - 칭찬 스티커보상' 등의 단계로 바꿔 보자. 습관을 변화시키는 것은 결코 쉬운 일이 아니다. 또한 빨리 습관을 만들기도 어렵다. 하지만 시간을 두고 꾸준히 노력하면 모든 습관은 개조할 수 있다. 내가 직접 아이와 하루 10분 놀이영어를 꾸준히 실천한 결과, 가끔 내가 깜빡한 날에는 아이가 먼저 와서 "엄마, 오늘 나하고 놀이영어 하는 걸 깜빡했어?"라고 말한다.

아이와 매일 하는 놀이가 부담스럽다면 하루 10분 영어 그림책을 읽어 주는 놀이로 시작해 보자. 아이가 좋아하는 놀이로 시작하면 부담 없이 시작할 수 있으며 하루 10분 놀이영어 습관을 형성하는 데 많은 도움을 준다. 매일 10분씩 아이와 함께 행복한 시간을 보내고 칭찬과 격려를 해 주자.

04
우리 아이 첫 영어,
놀이로 시작하자

"아이는 놀이할 때 가장 잘 배운다."라는 말이 있다. 아이들에게 놀이란 큰 즐거움이며 살아가는 데 원동력이 된다. 놀이는 아이의 뇌 발달을 촉진시키며 대뇌피질이 활성화하고 다양한 감각 경험을 통해서 전뇌까지 골고루 자극해 준다.

이처럼 놀이 활동은 뇌 발달을 증진시키고 사고의 효율성을 높일 뿐만 아니라 학습을 즐기게 만든다. 아이에게 영어는 '즐거운 체험'이 되어야 한다. 엄마와 다양하고 즐거운 활동으로 하는 놀이는 아이의 성장 발달에 도움을 주며, 아이가 자아를 탐색하고 앞으로 살아가는 데 실질적인 정보를 습득할 수 있도록 도와준다.

소아정신과 전문의 신의진 작가는 《신의진의 아이심리백과》에서 "프뢰벨은 아이가 어른과 함께 놀이를 할 때 교육의 가장 깊은 의미인 '삶의 조화'를 깨닫게 된다고 했습니다. 엄마와 함께 하는 놀이는 인간관계를 체험하게 해 주며, 놀이 속에 숨어 있는 삶의 법칙을 자연스럽게 터득하게 해 줍니다."라고 말하고 있다.

아이의 영어교육에 부모들은 많은 관심을 갖지만 막상 어떻게 시작해야 할지 막막해한다. 나는 '아이가 좋아하는 놀이에 영어를 접목하면 어떨까?'라는 생각으로 놀이영어를 시작했고, 내 아이를 비롯해 정말 많은 아이들이 영어를 즐길 수 있도록 변화시켰다.

놀이영어를 하게 되면서 아이의 창의력이 발달한 것은 물론, 부모와의 상호작용도 이루어져 아이의 심리를 관찰할 수 있게 되었다. 또한 아이도 부모도 모두 즐기는 영어를 하게 되었다. 아이에게 억지로 영어를 강요하지 말자. 영어는 어려운 것이 아니라 즐겁고 재미있는 언어라는 것을 아이에게 알려 주기 위해서는 놀이가 필요하다.

하루 10분 놀이영어의 힘은 누가 시키지 않아도 아이 스스로가 필요에 따라 영어로 말한다는 점이다. 아이들이 자연스러운 놀이를 통해 영어를 하게 된다면 영어뿐만이 아니라 정서적인 발달, 인성, 부모와의 유대감을 함께 발달시킬 수 있다.

황선준·황레나의 《스칸디 부모는 자녀에게 시간을 선물한다》에서도 "스칸디 부모들은 공부와 놀이를 엄격하게 구분하지 않는다. 공부도 놀이처럼 하고, 놀이도 공부라고 생각한다. 놀이를 통해 아이들은 몸만 자라는 것이 아니라, 할 수 있다는 자신감을 배운다."라고 설명한다. 영어는 언어고, 언어로서 가장 많은 연습을 할 수 있는 방법은 단연 놀이다. 즉, 우리 아이 영어의 시작은 놀이가 답이다.

많은 아이들과 다양한 놀이영어 활동을 진행했을 때, 특히 아이들이 좋아하고 즐거워했던 것은 영어 그림책을 기반으로 한 통합 놀이 활동이었다. 엄마가 읽어주는 영어 그림책을 들으면서 자연스럽게 언어적 접근이 가능하며 상상력과 추측 놀이로 즐길 수 있고, 그림책과 연계된 활동을 통해 호기심이 많고 관찰력이 뛰어난 아이로 성장할 수 있었다. 아이가 처음 만나는 영어는 반드시 재미있어야 하며 아이가 좋아하는 놀이 활동을 통해 시작해야 한다.

'많이'보다
'제대로' 하라

영어는 많이 배우는 것보다 제대로 배우는 것이 중요하다. 현재 우리나라는 '영어 공화국'이라고 해도 과언이 아닐 만큼 유치원생부터 직장인까지 영어에 많은 시간과 돈을 투자한다. 그런데 회화 실력은 늘지 않는다. 많은 사람들이 이렇게 영어에 많은 시간과 돈을 투자하는데도 정작 외국인을 만나면 말 한마디 제대로 하지 못하는 경우가 허다하다. 토익은 900점이 넘는데 원어민을 만나면 벙어리가 되는 사람도 많다. 영어를 공부한 시간은 길지만 제대로 공부한 시간은 얼마나 될까?

신경과학자인 다니엘 레비틴은 어느 분야에서든 세계적 수준의 전문가가 되려면 1만 시간의 연습이 필요하다고 했다. 이 같은 연구결과는 우리나라에서도 베스트셀러였던 말콤 그래드웰의 《아웃라이어》에서도 언급된 적이 있다. 말콤 그래드웰은 "우리가 알고 있는 천재라고 생각했던 이들 역시 적어도 1만 시간 이상의 노력을 기울인 결과다."라고 말하며 성공한 사람이 되기 위해서는 1만 시간의 노력이 필요함을 강조하고 있다.

우리가 중·고등학교에서 영어를 배운 시간을 모두 합쳐 실제로 공부한 시간을 따지면 한 달 정도밖에 안 된다고 한다. 그중에 영어 말하기를 위해 연습하고 노력한 시간은 더욱 적을 것이다. 기간은 길지만 실제로 영어로 노출된 시간은 적다는 뜻이다.

영어를 잘하는 방법은 간단하다. 영어 노출 시간을 늘리면 된다. 영어는 기간을 늘리는 것보다 시간을 늘려야 한다. 얼마나 배웠는지의 기간이 아니라 시간이 중요하다는 사실을 명심해야 한다.

많은 엄마들이 "우리 아이는 영어를 1년이나 배웠는데 영어로 말을 잘 못 해요."라고 하소연한다. 일주일에 1시간을 배웠다면 한 달이면 4시간이고 1년이면 48시간이다. 즉, 1년에 영어를 배운 시간은 고작 2일뿐인 것이다.

영어는 모국어가 아니기 때문에 더 많은 시간이 필요하다. 만약 아이가 영어 동요를 좋아하여 자주 듣고, 놀이영어를 좋아하게 되면 영어 노출 시간은 급속히 상승한다. 여기서 중요한 점은 아이가 좋아하는 방법을 통해서 영어 노출 시간이 늘어났다는 점이다.

간혹 아이가 영어를 시작했다고 해서 바로 영어 실력이 향상되기를 기대하는 부모가 있다. 영어는 결코 완만한 상승 곡선을 그러며 향상되지 않는다. 일상생활에서 영어에 노출시키고 매일 놀이영어를 하다 보면 어느 순간 한 단계가 올라가고, 또 꾸준히 영어를 즐기다 보면 조금 더 도약하는 식의 계단식으로 실력이 향상된다.

이는 아이에게만 해당하는 사항이 아니다. 성인들 중에도 영어 공부를 열심히 하다가 실력이 늘지 않는다고 중도에 포기하는 원인이 바로 여기에 있다. 이런 이유 때문에 우리 아이가 꾸준히 놀이영어를 할 수 있도록 흥미를 유발시켜 주는 것이 중요하다. 부모는 아이의 성향을 파악하고, 아이가 좋아하는 놀이를 선택해서 매일 반복해야 한다. 그래야 아이가 영어 표현 및 상황에 익숙해지고, 어느 순간 영어 실력이 급격히 상승하게 될 것이다. 중요한 것은 영어를 재미없게 배운 '기간'이 아니라 즐기면서 배운 '시간'이라는 점을 잊지 말자.

재미없는 영어를 오래 배우는 것보다 즐겁게 몰입한 놀이를 굵고 짧게 하는 것이 중요하다. 아무리 즐거운 놀이라도 1시간 동안 지속되면 아이들은 지겨워한다. 그래서 놀이영어는 아이가 집중력이 좋은 시간에 몰입해서 열정적으로 놀아 줘야 한다.

아이들이 태권도장이나 수영을 다녀와서 영어수업을 하게 된다면 체력적으로 힘들어서 제대로 영어를 배우기 힘들다. 그러므로 체육 활동을 하기 전에 아이와 함께 놀이영어를 하거나 아이가 체력 소모가 많은 운동을 했다면 충분한 휴식을 취한 후 놀이영어를 진행하는 것이 좋다.

영어는 시간과 노력의 결과물이다. 아이가 좋은 학군에서 영어를 배운다고 더 잘하는 것이 아니다. 아이가 어디에 살든 영어 노출 시간과 노력에 따라 좋은 결과를 얻을 수 있다. 짧고 굵은 놀이영어로 아이의 영어 실력을 높여 보자.

06
몸으로 하는
놀이영어

몸으로 익힌 영어는 오래 기억할 수 있다. 아이가 3살 때쯤 함께 아파트 주변을 산책하면서 'Walking walking'이라는 너서리라임Nursery Rhymes을 불러 주면서 몸으로 표현해 주었다.

Walking walking. Walking walking. Hop hop hop. Hop hop hop. Running running running. Running running running. Now let's stop. Now let's stop.

아이와 걸으면서 가사처럼 깡충깡충 뛰다가 달리고 멈추는 동작을 하면서 산책을 마쳤다. 며칠 후 아이와 함께 다시 산책을 하는데 아이가 '워킹 워킹~' 노래를 부르며 예전에 했던 동작까지 그대로 기억하면서 즐겁게 뛰어다니는 것이었다. 그 모습을 보면서 아이가 몸으로 익힌 영어는 단 한 번만 하더라도 확실하게 기억한다는 것을 알게 되었다. 그 후로 아이는 나와 산책을 할 때마다 다른 영어 노래도 불러 달라고 해서 '산토끼'를 불러 주었다.

Jack rabbit Jack rabbit where are you going now? hopping, hopping as you run where are you going now.

노래를 부르며 율동을 같이해 주자 아이는 곧장 따라 했고, 'Where are you going now? 어디를 가느냐?' 부분에서 내가 했던 율동을 그대로 따라 하며 노래를 불렀다. 어리면 어릴수록 율동을 함께 하게 되면 몸으로 영어를 익혀 더 확실하게 기억하게 된다.

아이들은 본능적으로 어렵고 이상적인 일을 멀리하는 경향이 있다. 부모는 이점을 고려하여 아이가 어렵다고 생각하는 영어를 즐거운 놀이로 변화시켜 주어야 한다. 작은 노력으로 아이에게 즐거운 놀이영어를 선물할 수 있다.

노래 말고도 집에서 아이에게 행동으로 보여 주는 영어는 많다.

읽다read, 만들다make, 웃다laugh, 먹다eat, 자다sleep, 눕다lie, 요리하다cook 등등 아이에게 부모가 직접 행동하면서 영어로 말해 주면 아이는 몸으로 기억하기 때문에 보다 쉽게 영어를 기억할 수 있다. 19세기 독일의 유명한 천재인 Jr. 칼 비테가 서술한《칼 비테의 공부의 즐거움》에서는 공부와 놀이는 다르지 않다고 말하고 있다.

"놀이는 그 형태와 방법을 떠나서 모든 아이들이 참여하고 싶은 충동을 불러일으킨다. 그래서 한번 해보라고 굳이 등 떠밀지 않아도 된다."

캐나다에서 공부할 때 유럽이나 남미 친구들과 아시아 친구들이 다른 점을 발견했다. 유럽이나 남미 친구들은 영어로 대화할 때 제스처Gesture를 많이 사용하는 반면, 우리나라를 비롯한 아시아 친구들은 제스처를 아예 쓰지 않거나 부자연스럽게 한다는 것이다. 제스처는 말의 효과를 높이기 위한 몸짓과 손짓 등을 말한다. 이러한 차이점을 발견하고 나도 새로운 단어를 외울 때 외우기 힘든 단어나 문장은 제스처를 하면서 외우게 되었다. 제스처를 이용한 단어 암기 방법의 결과는 대성공이었다.

아래는 영어에 소개된 몸짓 언어를 설명해 놓은 것이다.

첫째, 어깨를 으쓱하기(Shrug 또는 Shoulder-shrugging)
양팔을 벌리고 어깨를 으쓱하는 몸짓은 잘 모르겠다는 뜻이다.
둘째, 주먹끼리 부딪히기(First-bump)
주로 소년이나 젊은이들이 만날 때 친근감을 나타내기 위해 악수 대신하는 몸짓이다.

이외에도 다양한 몸짓 언어가 있다. 다양한 언어를 구사해야 하는 연예인들도 외국어 공부의 비법으로 자신이 좋아하는 외국 스타의 표정이나 제스처를 따라 하며 공부한다고 한다.

전교 꼴찌에서 서울대에 합격한 저자 고리들은 《중학생을 위한 서울대 공부법》에서 "손을 담당하는 두뇌의 부위는 전체의 30%로 가장 광범위하다. 그래서 손짓을 쓰며 영어로 말하기 시작하면 온몸으로 영어를 배우는 셈이 된다."라고 말한다.

놀이영어 수업 중에도 영어 그림책 활동이 이와 비슷하다. 영어 그림책을 읽어 주고 다양한 활동을 하고 난 후 마지막으로 그림책에 대한 노래와 율동을 함께 한다. 아이들은 수업이 끝나도 마지막에 불렀던 노래를 흥얼거리며 집으로 돌아간다. 신기하게도 일주일 뒤 수업에서 지난 시간에 불렀던 노래를 불러 주면서 율동을 함께 하면, 많은 아이들이 노래와 율동을 기억해 따라 한다.

"표정은 풍부하게, 억양은 변화무쌍하게, 제스처는 과장되게! 아이에게 영어로 말을 할 때는 되도록 과장하는 것이 좋다. (중략) 이런 모습을 통해 아이는 영어의 의미를 파악할 수 있는 힌트를 얻는다."

유아교육 전문가 강수잔의 《Talk Talk 아기영어》에서도 제스처를 통한 교육의 필요성을 강조하고 있다. 이처럼 부모가 먼저 온몸으로 제스처를 사용하며 아이에게 말하면 아이도 자연스럽게 몸을 이용하여 영어를 습득할 수 있다. 즐겁게 몸짓으로 영어를 표현하면 결국 아이는 영어를 좋아하게 된다. 엄마의 과장된 율동과 몸짓은 아이가 영어의 즐거움을 더 느낄 수 있게 만들어 준다.

07
놀이영어를 하면
달라지는 것들

사람의 뇌는 태어날 때 성인 뇌의 25%인 350g에 불과하다가 1년 만에 1kg 정도로 급속히 성장한다. 6세까지 사고 기능과 인간성을 담당하는 전두엽 부위가 발달하고, 12세까지는 두정엽과 측두엽이 발달한다.

전두엽은 인성과 사고 기능을 담당한다. 이 시기에는 아이가 자연이나 사물을 직접 보고 느끼게 하고 아이에게 적절한 자극을 주는 것이 좋다. 특히 책을 많이 읽어 주고 다양한 이야기를 들려 주면 아이의 상상력은 무궁무진하게 자랄 수 있다.

5세에서 7세까지는 영어교육의 적기라고 한다. 이 시기는 언어에 민감하게 반응하고 스펀지처럼 흡수하는 성장기이며, 적절한 자극으로 아이의 영어 능력을 키울 수 있다. 6세에서 12세까지는 물리적 기능을 담당하는 측두엽과 언어와 청각 기능을 담당하는 두정엽이 발달하는 시기다. 이때 영어를 비롯한 외국어 교육이나 수학, 놀이교육을 하면 크게 효과를 볼 수 있다.

아이에게 영어를 가르치기 시작하면, 그 효과를 빨리 보고 싶어서 욕심을 부리는 부모가 있다. 이 때문에 영어 조기교육이 과열 되고, 영어 조기교육에 대한 부정적인 시각과 부작용에 대한 사례가 나타난다. 영어 읽기와 말하기를 재촉하는 부모에게 강요된 공부 분위기에서 영어를 학습한다면 아이는 영어를 부정적으로 생각하게 되고, 영어에 대한 흥미를 잃어버리게 된다. 영어교육 전문가들은 이렇게 조언한다.

"흥미를 갖도록 교육할 수 있다면 언어를 쉽게 배우는 취학 전 어린이들의 영어교육은 분명 큰 효과를 기대할 수 있다."

이미 영어를 거부하는 아이도 동기부여나 즐거운 영어 환경을 조성해 주어 아이 스스로가 영어에 흥미를 느낄 수 있도록 도와준다면, 아이는 언제 그랬냐는 듯이 영어를 다시 즐기면서 할 수 있게 된다. 그렇다면 우리 아이가 놀이영어를 하면 어떤 점이 달라지는 것일까?

첫째, 영어를 재미있어 한다.

둘째, 놀이영어 시간을 기다리며 즐긴다.

셋째, 아이 스스로 영어와 친해져 놀이영어 시간에 적극적으로 참여한다.

넷째, 아이와 부모와의 유대관계가 더욱 돈독해진다.

아이와 놀이영어를 진행하면 일단 놀아 주는 것으로 생각하고 느긋한 마음으로 놀이에 임하면 된다. 편안한 마음으로 아이와 놀이영어를 하기 때문에 아이의 단점보다는 장점이 눈에 많이 들어온다.

박현영 저자의 《박현영의 슈퍼맘 잉글리시》에서는 "언어란 반복하며 자연스러운 놀이를 통해 서서히 익혀가는 것이지 '학습'으로 인식되는 순간 모든 아이는 흥미를 잃는다."라고 말한다.

엄마표 놀이영어를 진행하면서 많은 엄마들은 "이것도 몰라?"가 아닌 "이것도 알아?"라고 바꿔 말하는 것이 가능해졌다고 말했다. 그리고 영어를 잘하고 좋아하는 아이로 키우고 싶어 하는 주변 엄마들에게 '하루 10분 놀이영어'를 적극 추천한다고 한다. 놀이영어를 하면서 아이를 칭찬해 주고 더 잘할 수 있다고 격려해 주는 엄마가 될 수 있다는 것이다.

심리학에 '피그말리온 효과'라는 것이 있다. 긍정적인 기대나 관심이 사람에게 좋은 영향을 미치는 효과를 말한다. 이는 자신이 만든 조각상을 사랑한 피그말리온에 대한 신화에서 유래되었다. 조각가 피그말리온은 아름다운 여인상을 조각하고, 여인상을 갈라테이아Galatea라 이름 짓는다. 피그말리온은 갈라테이아를 진심으로 사랑하게 되고 여신 아프로디테는 피그말리온의 사랑에 감동하여 갈라테이아에게 생명을 불어넣어 준다. 간절히 원하고 기대하면 원하는 바를 이룰 수 있다는 것을 보여 주는 그리스 신화다.

부모가 아이에게 갖는 기대가 지나치지 않으면 좋은 효과를 거둘 수 있다. 부모가 영어는 재미있고 쉬운 언어이며 잘하게 될 것이라고 말하며 아이에게 적절한 기대와 목표를 설정하는 것은 오히려 좋은 자극이 되어 아이의 정서와 영어 발달에 긍정적인 영향을 줄 수 있다. 아이에게 아낌없는 칭찬과 자신감을 주는 것으로 피그말리온 효과를 실천할 수 있는 것이 바로 놀이영어인 것이다.

하루 10분,
놀이영어가 답이다

친정 엄마는 나에게 아이와 함께하는 시간을 충분히 즐기라고 조언해 준다. 자식은 금세 자라서 부모 곁을 떠난다는 것을 온몸으로 경험했기 때문이다. 지인 중 나와 친한 아이 엄마는 남매를 키우고 있다. 두 명의 아이들을 키우면서 아이들이 힘들게 할 때도 항상 사랑스러운 눈길로 아이를 바라본다. 나도 엄마로서 아이가 사랑스럽지만, 엄마도 사람이기 때문에 아이를 항상 24시간 사랑스러운 눈길로 바라보기는 어렵다.

"어떻게 아이들을 바라볼 때 항상 사랑이 듬뿍 담긴 눈빛으로 바라볼 수 있나요?"

나의 질문에 "아이가 크고 있는 시간이 아까울 정도예요. 아이가 금세 커지는 게 느껴져서 매일 더 많이 사랑해 주고 있어요."라는 대답이 돌아왔다. 그 엄마의 대답은 내가 아이에게 지금까지 그리고 앞으로 대해야 할 마음을 다시 생각하게 만들었다. 그리고 어제보다 오늘 더 많이 사랑해 주는 엄마가 되기로 마음 먹는 계기가 되었다.

고대 그리스의 철학자 헤라클레이토스는 "같은 강물에 두 번 발을 담글 수 없다."라고 말했다. 두 번째 들어갈 때 그 물은 이미 흘러갔기 때문이다. 대다수의 사람들은 지난 시간의 일을 생각하며 후회한다. 아이들도 어제와 똑같은 오늘의 아이가 아니다. 아이는 성장 중이다. 오늘 지금 이 시간, 아이와 행복한 시간을 즐겨야 한다.

아이의 영어도 마찬가지다. 아이가 초등학교 고학년만 되어도 즐겁게 영어를 습득하기 어렵다. 아이를 친구들이 많이 간다는 대형학원에 보내 영어 실력이 향상되길 기대해서는 안 된다. 학원은 그냥 학원일 뿐이다. 영어학습에 대한 동기부여가 없거나 영어에 대한 거부감이 있는 아이들은 영어를 그냥 공부해야 하는 한 과목에 불과하다고 생각하고, 영어에 대한 스트레스를 받으며 공부한다. 하루라도 일찍 아이와 즐겁게 놀이영어를 하면서 하루 10분의 투자로 즐겁게 두 가지 언어를 쓰는 바이링구얼 아이로 키울 수 있다.

다음은 한 유대인 사내의 이야기다. 그는 다음과 같은 유서를 썼다.

'나의 재산 전부를 아들에게 준다. 그러나 아들이 진짜 바보가 되기 전에는 유산을 상속할 수 없다'

이 소식을 듣고 랍비가 그에게 물었다.

"당신은 납득할 수 없는 유서를 썼군요. 도대체 당신의 아들이 진짜 바보가 되기 전엔 재산을 줄 수 없다니, 무슨 이유라도 있나요?"

그러자 사내는 갈대 하나를 입에 물고 괴상한 울음소리를 내면서 마루 위를 엉금엉금 기어 다녔다. 그가 말한 의미는 자기 아들에게 아이가 생겨 그 자식을 귀여워하게 되면, 그때 재산을 물려준다는 뜻이었다. 여기에서 '자식이 생기면 사람은 바보가 된다'라는 속담이 생겨났다고 한다.

부모는 자식을 위해서 모든 것을 희생한다. 사랑하는 아이를 위해서 엄마가 먼저 생활영어를 배워 아이와 영어로 대화하자. 지금도 많은 엄마들이 아이를 위해 또한 본인의 행복을 위해 즐겁게 영어공부를 하고 있다. 학창 시절에 배웠던 '글로 하는 영어'가 아닌 실제 생활에 쓰이는 입으로 말하는 영어를 할 때다.

세상 무엇이라도 아낌없이 줄 수 있는 우리 아이들에게 부모가 주는 가장 아름다운 선물은 놀이영어다. 영어는 아이가 앞으로 성장하면서 정복해야 할 큰 산이다. 내 아이가 '영어'라는 큰 산을 정복할 수 있도록 부모가 격려해 주고 함께 올라가 준다면 아이는 어느새 정상에 오르게 될 것이다.

놀이영어는 아이의 영어 발달 단계에 맞춰 시작하는 것이 좋다. 아이가 영어에 대한 관심이 많아지고 호기심을 나타낼 때, 맞춤 놀이영어의 시작이 가능하다. 아이마다 얼굴과 성향이 다르듯 영어를 받아들이는 속도도 다르다는 것을 유념하고 다른 아이와 비교하지 말자. 일상 속에서 아이가 좋아하는 것들로 자연스럽게 영어를 접할 기회를 만들어 영어에 대한 호기심이 사라지지 않도록 아이와 함께 하루 10분 놀이영어를 시작하자.

아이와 영어로 대화하는 생활영어 표현

 인사

• Hello.	안녕하세요.
• Good morning!	좋은 아침입니다.
• Good afternoon!	좋은 오후입니다.
• Good evening!	좋은 저녁입니다.
• Good night.	좋은 밤입니다.
• Good bye!	잘 가요!
• See you!	또 봐요!
• See you soon!	곧 또 봐요.
• See you later.	다음에 또 봐요.
• Say thank you, please.	'고맙습니다'라고 말해야지.
• Say you are welcome please.	'천만에요'라고 말해야지.
• Take care!	갈 가요.
• Have a great day.	좋은 하루 보내.
• Have a nice day.	좋은 하루 보내.
• I'm sorry.	미안해요.
• Have fun!	즐겁게 보내.
• Hello everybody! Hello there!	안녕하세요!

- Time to wake up!   일어날 시간이야!
- Can I sleep some more?   조금만 더 자면 안 돼요?
- Go to the bathroom.   화장실로 가.
- I'll turn on the light.   불 켤게.
- Wash your face and brush your teeth.   세수하고 이 닦아.
- Can you try to wash your face by yourself?   혼자서 세수할 수 있어?
- Wash your neck, too.   목도 씻어야지.
- Let's wash your hands.   손 씻자.
- Let's wash your butt.   엉덩이도 씻자.
- Wipe your face and hand with towel.   수건으로 닦아.
- I'll wash myself after I eat.   밥 먹고 씻을래요.
- Would you like to have some food?   뭐 좀 먹을래?
- Comb your hair.   머리 빗어.
- Look at me.   나를 봐.
- Take off your pants.   바지 벗어.
- Put on your shirts.   셔츠 입어.
- Where are your socks?   양말 어디있니?
- Stand up.   일어나.
- Sit down.   앉아.
- Let's put on your socks.   양말 신자.
- Bring your socks out from the drawer.   서랍에서 양말 꺼내서 가져와.
- Whose pants are they?   이 바지는 누구 바지니?
- My dad gets up at 6o'clock.   아빠는 6시에 일어나요.
- My mom goes to work at 8 o'clock.   엄마는 8시에 일하러 가세요.

기분

- How are you?   기분이 어때요?

- I am good.   좋아요.

- I feel great.   아주 좋아요.

- I don't feel good.   기분이 좋지 않아요.

- Are you sick?   아파요?

- I feel sick.   아파요.

- How was today?   오늘 어땠어?

- Did you have fun today?   오늘 재미있었어?

- I love you.   사랑해.

- Are you happy?   좋아?

- I'm happy.   좋아.

- Are you afraid?   무서워?

- I'm afraid.   무서워.

- Are you interested?   재미있니?

- It's interesting.   재미있어.

- Were you surprised?   놀랐어?

- I was surprised.   놀랐어.

- Is it cold?   추워?

- It's cold.   추워.

- Does it hurt?   아프니?

- You looks happy.   기분이 좋아 보이네.

- Let's go to the bathroom.　　　　　　화장실 가자.
- May I go to the bathroom?　　　　　　화장실 가도 돼요?
- I'll turn on the light.　　　　　　불 켤게.
- I'll turn off the light.　　　　　　불 끌게.
- Do you wanna poop?　　　　　　응가 하고 싶니?
- Do you wanna pee?　　　　　　쉬 하고 싶어?
- If you finish your poop, call mom. Okay?　　응가 다 하면 불러.
- Are you done?　　　　　　다 했니?
- You did great job.　　　　　　잘했어.
- Your hands are dirty.　　　　　　손이 더럽구나.
- You need to clean your hands.　　　　손 씻어야겠다.
- Let's wash your hands.　　　　　　손 씻자.
- Blow your nose with tissue.　　　　휴지에 코 풀어.
- You need to clean your nose.　　　　코 깨끗이 닦자.

 먹을 때

- Would you like to have some food?　　뭐 좀 먹을래?
- Are you hungry?　　　　　　배고프니?
- I'm hungry.　　　　　　배고파요.
- Is it delicious?　　　　　　맛있니?
- Help your self!　　　　　　많이 먹어!
- Did you have enough?　　　　　　많이 먹었니?

- Would you like to have some cookie?   쿠키 좀 먹을래?
- Would you like to have some milk?   우유 좀 마실래?
- Can I have some cookie?   쿠키 먹어도 되나요?
- We ate all already.   우리 벌써 다 먹었어.
- Don't talk with your mouth full.   음식이 입에 가득 있을 때 말하지마.

주의 줄 때

- Watch out! Look out! Be careful!   조심해!
- Stop!   멈춰!
- Slowly on the stairs.   계단에서는 천천히.
- Here is slippery.   여기는 미끄러워.
- Slowly down!   천천히!
- Don't do that.   그러지마.
- Don't fight.   싸우지 마세요.
- Play nicely with your friends.   친구와 사이좋게 놀아.
- Slow down!   천천히 다녀!
- Be nice.   얌전히 있어.
- Be quiet.   조용히 하세요.
- Don't yell.   소리 지르지 마세요.
- Don't bother me.   나 좀 귀찮게 하지 말아 줘.
- Don't make me angry.   날 화나게 하지 마.
- Don't run.   뛰지 마세요.
- Don't lie.   거짓말하지 마세요.
- Don't push.   밀지 마세요.

- Thanks a lot.   매우 감사합니다.
- You're welcome.   천만에요.
- Excuse me.   실례합니다. 잠시만요.
- Sit nicely.   똑바로 앉아.
- Listen to me.   내 말을 들어 봐.
- Don't come beside me.   내 옆에 오지 마세요.
- I feel pain.   아파요.
- It's dangerous.   위험해요.

클레이 놀이 활동

- What should we make with clay?   클레이로 무엇을 만들까?
- Let's make some flowers.   주물러 주자.
- Roll it.   돌돌 밀어 보자.
- Press it.   꾹 눌러 보자.
- Pat down the clay.   클레이를 두드려 보자.
- Tell me what you're planning to do.   무엇을 만들려고 하는지 말해 줘.
- What shape is it?   이건 무슨 모양이야?
- What color is it?   이건 무슨 색이야?
- What color we will get when
  we mix red and yellow?   빨간색과 노란색을 섞으면
                                             무슨 색이 될까?
- Do you like this car?   이 차 좋아?
- Don't you like it?   그게 좋아?
- Here it is.   여기 있다.
- What is this?   이게 뭘까?

- What are you doing?   뭐 하니?
- Let's try it again.   다시 해 보자.

요리 활동

- Can you do something for me?   나 좀 도와줄래?
- I'll do it for you.   내가 해 줄게.
- Put this carrot into refrigerator.   이 당근 냉장고에 넣어 줘.
- Mix them up!   그것들을 섞어!
- Mix it up with the rice.   그걸 밥과 함께 섞어.
- Mix the flour up with the butter.   밀가루와 버터를 섞어.
- Please mix and match.   잘 섞어 주세요.
- How many do you have?   너 몇 개 가지고 있어?
- How many do you need?   너 몇 개 필요해?
- You should pick one!   하나만 골라.
- Does it taste good?   맛있니?
- Do you need it?   그게 필요하니?
- Do you need anything else?   다른 건 필요한 거 없니?

만들기 활동

- Are you ready to draw?   그림 그릴 준비 됐니?
- It is a crayon.   그건 크레용이야.
- Here are some crayons.   여기 크레용 있어.

- You found some colored pencils. 색연필을 찾았구나.
- Could you tell me who draws? 누가 그렸는지 말해 줄래?
- Put it on this paper. 이 종이에 그걸 붙여 봐.
- One is yellow and another is blue. 하나는 노란색이고 다른 건 파란색이야.
- Look at the picture. 그림을 봐.
- Draw a circle on the paper. 종이 위에 동그라미를 그려 봐.
- Can I use your pencil? 네 연필 좀 써도 되니?
- Can I borrow your eraser? 네 지우개 좀 빌려줄래?
- I need scissors. 가위가 필요해요.
- Scissors, please. 가위 주세요.
- Can I use this colored paper? 색종이 좀 써도 돼요?
- May I get some water? 물 좀 마셔도 돼요?
- Fold the paper in half. 종이를 반으로 접어 봐.
- Cut the paper. 종이를 잘라.
- Glue this here. 여기에 풀을 붙여.
- Write your name. 이름을 써.
- Draw a triangle. 삼각형을 그려.
- Color the bear brown. 곰을 갈색으로 색칠해.
- Think of the red objects. 빨간색 물건을 생각해 봐.
- Draw a tree. 나무를 그려 봐.
- Do you have a yellow pen? 노란색 펜을 가지고 있니?

알파벳&파닉스

• Circle the letter A's.	A에 동그라미 치세요.
• Find the small a's.	소문자 a를 찾아보자.
• How many A's are there?	A가 모두 몇 개지?
• What letter is this?	이건 무슨 글자니?
• Where's the letter B?	'B'가 어디에 있니?
• Can you read this letter?	이 글자 읽을 수 있니?
• Try it only one time. You can do it.	한 번만 다시 해 보자. 할 수 있어.
• Let's find the picture the begins with B?	'B'로 시작하는 글자를 찾아보자.
• What letter does Apple begin with?	Apple은 어떤 글자로 시작하니?
• What letter comes after A?	A 다음에 무슨 글자가 오니?
• Write a big D.	대문자 D를 써 보자.
• Draw a line.	선을 이어 보자.
• Fill in the blanks.	빈칸을 채우자.
• Put the letters in order.	글자를 순서대로 나열하자.
• Let's count one to ten.	1부터 10까지 숫자 세어 보자.

놀이 활동

• What's your favorite song?	어떤 노래를 제일 좋아하니?
• My favorite song is 'The finger family'.	손가락가족 노래를 가장 좋아해요.
• Do you want to listen to some songs?	노래 듣고 싶니?
• Let's sing together.	함께 노래 부르자.
• I'll get you.	너를 잡으러 간다.

- I got you.　　　　　　너를 잡았다.
- I got it.　　　　　　물건을 잡았다.
- What is this?　　　　이게 뭘까?
- Please turn on/off the audio player.　　오디오 플레이어 좀 켜/꺼 줘.
- Could you turn it up/down please?　　소리 좀 올려/낮춰 주겠니?
- What are you doing?　　무엇을 하고 있니?
- Are you playing with your toy?　　장난감 가지고 놀고 있니?
- Are you playing with your blocks?　　블록 가지고 놀고 있니?
- What do you want to make?　　무엇을 만들고 싶니?
- Let's pile them up with mommy.　　엄마랑 함께 쌓아 보자.
- You made it very well.　　잘 만들었구나.
- You did it.　　해냈구나.
- Wait your turn.　　네 차례를 기다려.
- Hurry up!　　빨리 서둘러.
- Are you done?　　다 했니?
- Can you share?　　같이 할 수 있니?
- Why don't you play with the LEGO?　　레고 가지고 놀아.
- How many are there?　　거기 몇 개 있니?
- Let's build a house.　　집 만들자.

외출할 때

- Would you like to go outside?　　외출할까?
- Wait for me.　　기다려 줘.
- Do you want to come along?　　같이 갈래?

- Would you like to go and play at outside?   밖에 나가 놀고 싶니?
- I'll give you a hug.   내가 안아 줄게.
- Put your shoes on.   신발 신어.
- Put on a sun hat.   모자 써.
- Can you find the key for me?   열쇠 좀 찾아줄래?

 TV시청 할 때

- Can I watch a DVD, please?   DVD 봐도 돼요?
- It's time to watch a DVD.   DVD볼 시간이에요!
- Are you interested?   재미있니?
- Can I watch this again.   이거 또 보면 안 돼요?
- Don't look at the DVD too closely.   너무 가까이 DVD 보지 마세요.
- Turn on the TV.   TV 켜.
- Turn off the TV.   TV 꺼.
- Push the play button.   플레이 버튼 눌러.
- What DVD do you want to watch?   무슨 DVD 볼래?
- Would you like to see Dora?   "도라" 보고 싶니?
- Please turn on Dora.   "도라" 틀어 주세요.
- Let's watch it without any English subtitles.   영어자막 없이 보자.
- We will watch the DVD for 20minutes only.   우리 딱 20분만 보자.
- Why don't you pick one.   네가 골라 봐.
- I'm so tired.   너무 피곤해요.
- Are you busy?   바쁘니?

 **잘 때**

- It's time to sleep.   잘 시간이야.
- Let's go to bed.   자러 가자.
- Let's sleep.   자자.
- Can you kiss me please?   엄마한테 뽀뽀 해 줄래?
- Say good night to daddy.   '안녕히 주무세요!' 라고 아빠에게 말해야지.
- The hour is late.   시간이 늦었다.
- Should I give a pillow?   베개 줄까?
- I like to sleep.   자고 싶어요.
- You must sleep now.   지금 자야 해.
- Can I lie down next to you?   네 옆에 누워도 되니?
- Would you like to sleep more?   좀 더 자고 싶니?
- Is daddy sleeping?   아빠 자고 있니?

 영어 동화책 읽기 전

- Let's read a book.   책 읽자.
- What are you going to read today?   오늘 무슨 책 읽어 볼까?
- Go get the book.   가서 책 가져와.
- What do you see on the cover page?   표지에 뭐가 보이니?
- Let's see what characters are in this book.   이 책 주인공들이 누군지 보자.
- What do you want to read?   뭐 읽고 싶니?
- You pick the book.   네가 책 골라 봐.
- There are too many words in this book.   그 책은 글씨가 너무 많아요.

• You choose the book.	책 선택해.
• Anything you want.	네가 원하는 거 아무거나.
• How about this book?	이 책은 어때?
• I'll read it for you.	이거 읽어 줄게.
• I will help you. Bring the easy book.	내가 도와줄게. 쉬운 책 가져와.
• What is your favorite book?	네가 좋아하는 책은 뭐니?
• Listen carefully.	잘 들어 봐.
• I will read you "Cinderella."	《신데렐라》 읽어 줄게.
• Look at the cover.	책 표지 봐.
• What do you see?	뭐가 보이니?
• Do you know this story?	이 이야기 알아?
• How do you know?	어떻게 알아?
• Who's the main character?	주인공은 누구니?
• What's the title of this book?	책 제목이 뭐니?
• Can you read the title?	책 제목 읽을 수 있니?
• What should I bring?	뭐 가져갈까?
• Can I pick the book?	이 책 선택해도 돼요?
• How many books are we going to read?	몇 권 읽을까?
• It looks boring.	재미없어 보여요.
• It looks fun.	재미있어 보여요.
• This book is too hard.	이 책은 너무 어려워요.
• It's a little hard.	이건 조금 어려워요.
• Read it for me.	읽어 주세요.
• I love this book.	이 책 정말 좋아요.
• This book s my favorite book.	이 책은 제가 제일 좋아하는 책이에요.
• We read it before.	우리 이거 전에 읽었어요.

- You got it?
- Repeat after me.
- You missed that part.
- Read it loudly.
- Let's listen to the CD.
- Look at my mouth.
- Do you remember this word?
- What is she doing? Why?
- You learned before.
- What will happen?
- How would you feel if you were her? Why?

- Let's look up in the dictionary.
- Is there any word that you don't know on this page?

- Can you guess?
- Is it easy?
- You can point to the words with your finger while listening.

- Mark the new words.
- What happened in the end?
- Are you listening?
- How many characters are there?
- Who are they?

이해했니?

나 따라 해 봐.

이 부분을 놓쳤네.

큰 소리로 읽어.

CD 들어 보자.

입을 봐.

이 단어 기억하니?

그녀가 뭐하니?

너 전에 배웠지.

무슨 일이 생길까?

만약 네가 그녀라면 어떤 기분일까? 왜?

사전 찾아보자.

이 페이지에서 모르는 단어 있어?

추측해 보자.

쉽니?

손가락으로 단어들 짚어 가면서 듣자.

새로운 단어 체크해.

마지막에 어떻게 될까?

듣고 있니?

몇 명의 등장인물이 나오니?

그들이 누구니?

- I will turn the page.　　　　　　　　다음 페이지 넘겨 줄게.

- Read it slowly.　　　　　　　　　　천천히 읽어 봐.

- How do you pronounce cup?　　　　"컵" 발음 어떻게 해?

- I don't know how to read this word.　이 단어를 어떻게 읽어야 하는지 모르겠어요.

- Let's try reading it out loud.　　　　큰 소리로 읽어 보자.

- I think I have a sore throat.　　　　목이 아픈 것 같아요.

- I can't remember it.　　　　　　　기억이 안나요.

- I don't know this word.　　　　　　이 단어 몰라요.

- I know this word.　　　　　　　　이 단어 알아요.

- I'll read this page.　　　　　　　이 페이지 읽어 줄게.

- I'll circle them.　　　　　　　　동그라미 해 줄게.

영어 그림책 읽고 난 후 대화하는 영어문장

- Let's read different book.　　　　　　다른 책 읽자.

- Which part was interesting?　　　　　어느 부분이 흥미로웠니?

- What's your favorite part? Why?　　　제일 좋아하는 부분이 뭐야? 왜?

- How many books did you read?　　　몇 권 읽었어?

- What happened first?　　　　　　　처음에 무슨 일이 있었지?

- Let's do the role playing activity.　　역할극 활동 해 보자.

- Read me more.　　　　　　　　　좀 더 읽어 주세요.

- The main character of the story is Dora.　이야기의 주인공은 도라야.

- Put one sticker on.　　　　　　　스티커 붙여.

- I will put it on.　　　　　　　　내가 붙일게요.

- How was the story?　　　　　　　이야기 어땠어?

- After that, what happened?　　그다음, 어떻게 됐지?
- Did you enjoy it?　　재미있게 들었어?
- Did you understand the story?　　이야기 이해했니?
- I really like this book.　　이 책 정말 좋아요.
- It was boring.　　지겨웠어요.
- It was fun.　　재미있었어요.
- It was interesting.　　흥미로웠어요.
- Read me again tomorrow.　　내일 또 읽어 주세요.
- I lost my voice.　　목이 쉬었어.
- I don't like this book.　　이 책 안 좋아해요.
- We read three books.　　우리 책 세 권 읽었어요.
- Let's summarize the story.　　이야기를 요약해 보자.
- Is the problem solved?　　문제 해결됐니?
- The problem was solved.　　문제가 해결되었어요.

하루 10분 놀이영어

초판 1쇄 인쇄 2017년 1월 16일
초판 1쇄 발행 2017년 1월 20일

지 은 이 **이지해**
펴 낸 이 **권동희**
펴 낸 곳 **위닝북스**
기　　획 **김태광**
책임편집 **신지은**
디 자 인 **이선영**
교정교열 **채지혜**
마 케 팅 **김응규 허동욱**

출판등록 **제312-2012-000040호**
주　　소 **경기도 성남시 분당구 수내동 16-5 오너스타워 407호**
전　　화 **070-4024-7286**
이 메 일 **winningbooks@naver.com**
홈페이지 **www.wbooks.co.kr**

ⓒ위닝북스(저자와 맺은 특약에 따라 검인을 생략합니다)
ISBN 979-11-87532-35-4 (03370)

이 도서의 국립중앙도서관 출판도서 목록(CIP)은 서지정보유통지원시스템
홈페이지(http://seoji.nl.go.kr)와 국가자료공동목록시스템(http://www.nl.go.
kr/kolisnet)에서 이용하실 수 있습니다.(CIP제어번호: CIP2016032041)

위닝북스는 독자 여러분의 책에 관한 아이디어와 원고 투고를 설레는
마음으로 기다리고 있습니다. 책으로 엮기를 원하는 아이디어가 있으신 분은
이메일 winningbooks@naver.com으로 간단한 개요와 취지, 연락처
등을 보내주세요. 망설이지 말고 문을 두드리세요. 꿈이 이루어집니다.

※ 책값은 뒤표지에 있습니다.
※ 잘못 만들어진 책은 구입하신 서점에서 교환해 드립니다.